겨울 소리

겨울 소리

초판 1쇄 발행 2022년 1월 1일

지은이 김현석
펴낸이 장현수
펴낸곳 메이킹북스
출판등록 제 2019-000010호

디자인 장지연
편집 장지연
교정 강인영
마케팅 김예지

주소 서울특별시 금천구 가산디지털1로 142, 312호
전화 02-2135-5086
팩스 02-2135-5087
이메일 making_books@naver.com
홈페이지 www.makingbooks.co.kr

ISBN 979-11-6791-070-7(03810)
값 12,000원

ⓒ 김현석 2022 Printed in Korea

잘못된 책은 구입하신 곳에서 바꾸어 드립니다.
이 책의 전부 또는 일부 내용을 재사용하려면 사전에 저작권자와 펴낸곳의 동의를 받아야 합니다.

메이킹북스는 저자님의 소중한 투고 원고를 기다립니다.
출간에 대한 관심이 있으신 분은 making_books@naver.com로 보내 주세요.

고이 쌓인 흰 눈을 걸으며 첫발이구나
그리 깊은 발자국을 남겼건만 다시 보니 없다
다시 보니 인생이었다

겨울소리

김현석 시집

메이킹북스

시작하는 글(PROLOGUE)

바람이 풀을 흔들어
허공에 공허(空虛)를 그리나?
풀이 바람을 핑계 삼아 그린다
살려고 사니 죽을 듯
죽으려고 사니 살 것 같아
스치는 바람
바람을 흔들기를
바람에 흔들리지 않기를
바람이기를
생각이 전하는 거짓
발자취가 남긴 진실
마음에 새기리
바람으로 취하리
바람을 잡으려 바람을 남긴다

현주야 민오야 승조야
사랑한다 사랑한다 사랑한다

결혼 열다섯 번째 겨울
야초(野草) 김현석

• 목차

시작하는 글(PROLOGUE) _5

풍경	_17
별을 그리다	_18
시계	_19
좋은 꿈	_20
실바람	_21
회색 파도	_22
정상에 선 그대에게	_23
낙서	_24
지금의 의미	_25
화이트 홀(White hole)	_26
사회적 타살	_27
환승역(換乘驛)	_29
기억해	_30
사랑하는 이유	_31
너라서	_32
의병(義兵)	_33
편지의 무게	_34
비상(飛翔)을 마주하는 그대에게	_35
스나이퍼	_37
포커페이스	_39

깊은 밤	_41
여운을 담은 별	_42
슬픈 출사표	_44
홀로 타는 태양	_45
사별(死別)	_46
사랑은 같았다	_48
별똥별	_49
사랑은 두 명	_51
긴 하루	_52
선(線)이 없다	_53
암전(暗轉)	_54
연평	_55
이별 스케치	_56
승천(昇天)	_57
홀로 핀 꽃	_59
수평선(水平線)	_60
사랑이야 너만	_61
실수와 마주한 그대에게	_63
잔인한 봄	_65
과정이었다	_67
검은색 새벽	_69
정상(頂上)	_70

답(答)을 비우다 _71

너는 아파 _72

진짜 학문 _73

욕심의 무게 _75

공깃돌 _76

끝 그리고 끝 _77

위로를 바람에 실으며 _79

기억 상실 _80

악연(惡緣) _81

생각을 따른다 _82

끊어진 인연(因緣) _83

대답 없는 메아리 _84

고향 _85

인사 _86

중도(中道) _87

중용(中庸) _88

시점 전환 _89

죄책감 _90

사랑한다 아가 _92

부끄러운 기록 _93

루틴(Routine) _95

용감한 선택 _96

각인(刻印) _97

시(詩)의 이름 _98

풍선	_99
위험한 완장	_100
조금 다른 꿈	_101
나락의 각성(覺性)	_102
아동 학대	_103
너와 나	_104
최선	_105
참척(慘慽)	_106
영원한 기록(記錄)	_108
가족(家族)이 있다	_109
한 노비의 출사표(出師表)	_110
도박(賭博)	_111
서서 맞으리	_112
작은 하나	_113
무능의 악수	_114
미개함	_115
폭력(暴力)	_116
삶과 죽음	_117
아이의 인사	_118
이별 앞에 연인	_119
칼을 든 사람	_120
사과(謝過)	_122
들에 핀 꽃	_123
보물찾기	_124

자왈(子曰)	_125
사람 사이	_127
높은 관계	_128
오해를 대하는 자세	_129
연저지인(吮疽之仁)	_130
선(善)과 함께	_131
둥지 잃은 새	_132
악마의 풍선	_133
가족의 의미	_134
사랑한다는 것	_135
고마운 선물	_136
성년식(成年式)	_137
시골	_138
영감(靈感)의 이름	_139
신의 소망	_140
지금 여기	_141
파도	_142
미안해	_143
지렁이	_144
흔들리는 그대	_145
이미 남겼다	_146
결국 같았다	_147
큰일	_148
봄눈	_149

그릇	_150
빛이 없는 매조도	_151
행운(幸運)	_152
아이가 없다	_153
비교	_154
생각의 길이	_156
벗	_157
꿈	_158
루카(luca)	_159
사자성어	_160
복(福)	_162
이미 늦다	_163
오리	_164
위대한 민족	_165
만시지탄(晩時之歎)	_166
눈물	_167
후흑(厚黑)	_168
고난	_169
유일한 힌트	_170
대가 없는 선물	_171
하심(下心)	_172
긴 인연	_173
꽃	_174
가짜인가?	_175

동병상련(同病相憐)	_176
개똥밭	_177
사기(士氣)	_178
자신감(自信感)	_179
그릇	_180
빛을 찾아	_181
뻐꾸기 엄마	_182
식물의 마음	_183
천우신조(天佑神助)	_184
노화(老化)	_185
속은 시간	_186
상대(相對)	_187
강(强)하다는 것	_188
별에서	_189
고대 철학	_190
인생의 기적(奇蹟)	_191
배우(俳優)	_192
시간의 속삭임	_193
바라지 않는 사랑	_194
작은 물질(物質)	_195
파락호	_196
경영학 개론	_198
시간아 안녕	_199
과공비례(過恭非禮)	_200

가스라이팅(Gaslighting)	_201
물음표	_202
하나의 가치	_203
전사(戰士)	_204
딸의 결혼식	_205
외로움의 의미	_206
생각을 놓고 오다	_207
꽃 핀	_208
긍정의 힘	_209
친구	_210
다양성	_211
흑백사진	_213
돌아보니	_214
진짜 생(生)	_215
배고픈 그대에게	_216
둘 다 무는 뱀	_217
바위	_218
엄마 생각	_219
결과	_220
전혀 다른 시공(時空)	_221
어두운 강(江)	_222
지푸라기	_223
사노라면	_224
선(線)에 대하여	_225

웃자	_226
비명(悲鳴)	_227
아픈 수험생에게	_228
긴 장마	_229
아버지	_230
따르다 만 술잔	_232
정의(Justice)	_234
검성(劍聖)	_235
고개 숙인 그대에게	_237
월급 노예	_238
너를 보다	_239
장난꾸러기	_240
흠	_241
생(生)의 기회비용	_243
창(窓)	_244
이제부터	_245

마치는 글(EPILOGUE)   _247

풍경

풍경이 고요를 꿈꾸네
바람이 소리를 만드나?
아름다운 충돌

충돌조차 아름다워
산사(山寺)의 고요함에 점이 찍히네

부끄럽게 수줍은 소리
간지러운 소리가 그리워
웃고 있는 바람을 그리네

바람이 살며시 걷다가 들키네
미안한 풍경(風磬)이 손을 흔드나?

작은 소리에 놀라
고운 소리조차 조심조심

허공에 홀로 고고한 풍경
바람이 시기와 질투를 흘리나?

풍경이 되리라
지키지 못한 꿈이 흩날리네
헛된 메아리만 어지러이 남누나

· 별을 그리다

어둠이 많아도 별은 빛났다
구름이 가려도 태양은 빛났다

말은 가볍다
행동이 무겁다

말은 천금
행동이 만금

누구나 말한다
누구도 행동은 어렵다

말은 생각
행동이 마음

구름이 짙을수록 태양은 그리워
어둠이 짙을수록 별은 별이야

· 시계

흔들리는 시계(時計)
망설이는 시계(時計)

울면서 시간을 거닌다
조용히 시간을 거닌다

시간을 잃은 시계
시간이 없는 기계

울면 신이 보려나?
참으면 악마가 모를까?

웃으며 공간을 흐른다
고요히 공간을 흐른다

시끄러운 시계
기척 없는 시계

시계는 옳았는가?
시계는 살았는가?

· 좋은 꿈

한동안 꾼 꿈
여러 번 깨졌다
문턱에 가까울수록 아팠다

어느 날 왔다
좋은 꿈을 꾸었다
간절한 만큼 단 꿈

성공과 실패는 차이가 있다
그 큰 차이는 어느새 없다

잠시 좋은 꿈을 꾸었다
꿈에서 꿈을 꾸었다

· 실바람

아프다
누구와의 비교

창밖만 바라보다
날이 샜다

두리번두리번
이것도 저것도 아니었다

나였다
내가 기다리고 있었다

실바람에 바위가 고요하다

· 회색 파도

힘들어
힘든 만큼 달콤할까?

하루가 백년
먹고 먹히고
무섭고 힘겨운 생존

기약 없는 고통
버리기만 할까 두려워
천지가 회색 파도

고생을 정의할까?
고생을 권할까?

삶은 생각
그린대로 그려지리

삶이 그러한가?
삶이 그러하지 않은가?

• 정상에 선 그대에게

수 없는 기도
눈물 그리고 땀
바다가 생명을 깨우나?

피로 쓴 정상의 기록
시간과 공간이 맞지 않은 인연

보는 이 없는
알아주는 이 없는

혼자 찬 서리에 굽어진 나무
슬픈 입맞춤

어떤 위로를 건네나?
그대는 이미 없는데

정상으로 향하는 갈림길
길마다 보이는 피의 기록

내가 보았소
내가 울었소
가슴에 그대의 피를 새기리

외로이 정상에서 한참을 서성인 그대에게

· 낙서

안 좋은 생각이 따라와
내보내려 애쓰다
갇혔어

하얀색 도화지가 아닌데
검은 물이 묻을까
벌벌 떨었어

근심과 두려움으로
마구 낙서했어
내가 그랬어

모두 지나가는데
어떤 것도 머물 수 없는데

지우기 힘든 낙서를 남겼어
내가 그랬어

이제 지우리
내가 그랬어

· 지금의 의미

많은 시험이 시간과 함께 온다
때가 있는 답(答)

밥은 배고파야 밥
물은 목이 타야 물
죽겠더니 더 살 것 같다

청춘(靑春)이 기아(飢餓)에 허덕인다
청춘이 말라 죽는다

지금
젊은이는 일을 해야 한다
젊은이는 사랑을 해야 한다

집단의 존재 이유를 묻고 싶다
젊은이는 시간이 없다

누구나 지금이 전부
피지도 못한 꽃
어른의 의미를 묻고 싶다

지금을 놓치면 끝인 꽃
죽어가는 청춘(靑春)

• 화이트 홀(White hole)

너를 사랑할 때
너밖에 없었다

너로 가득한 나
그냥 모두 너였어

뇌는 멈추라 한다
심장은 가라 한다

아픈 계산을 멈춘다
벅찬 떨림을 따른다

네 마음이 당기는 대로
모든 생각이 빨려 들어가는 나

너는 블랙홀
나는 화이트 홀

이번 생(生)
너에게 나를 맡길게

• 사회적 타살

살고 싶은데
무서워 죽겠는데

가려고 이제
고통의 끝이 있긴 있는 건지

영혼은 누더기
마음은 갈기갈기 찢긴 종이

마지막 선택
탓하는 내가 싫어

어디로 가는 걸까?
어디든 가긴 가는 걸까?

여긴 아니겠지
지쳐서 지쳐서
쉴래 이제

단지
함께이고 싶었어
손을 잡고 싶었어
웃고 싶었어

안녕

· 환승역(換乘驛)

수많은 생(生)
늙어가고
병이 숨어 있었다
수많은 죽음
곳곳에 숨어 있던 고통

욕심이 손짓했다
스스로의 죄(罪)
스스로의 감옥
생각이 서 있었다

튀어 오를 때마다 집어넣는 생각
하나씩 집어서 마음에 담는다

터널을 지나 빛을 찾는 환승역(換乘驛)
사람으로 산다는 것

· 기억해

이제 그만
어제 울었고 오늘도
내일은 아니기를

수천수만 번 황망히도 도망쳤던 나
너를 애타게 찾아

온통 암흑이기를
아무것도 없기를

스치는 눈길에도 떨던 나
너를 담담히 응시한다

수줍게 옷깃을 여미던 나
지금 벌거벗은 채로 우뚝 서 있다

삶도 죽음도 아니기를
그냥 끝이기를

기억해
내가 너를 찾았어

사랑하는 이유

불합격해도 괜찮아
패배해도 괜찮아
너는 나의 별

감히
누가 뭐래도

네가 무엇이든 괜찮아
너는 나의 별

별이 태양에 가리든
별이 달에 가리든
별은 별

사랑하는 데 이유가 있니?
사랑하기 전에나 있지

· 너라서

소중한 비밀
필요 없는 비밀

반드시 지켜야 하는 비밀
반드시 흘려야 하는 비밀

들켜 주지
고백하게

이미 다 끝나서
아까워서

조금만 아주 조금만
들켜 주지 그랬니

너를 놓쳤잖니
미안해서
돌이킬 수 없어서

너라서

- 의병(義兵)

먹먹한 절제를 담은 호수 위의 달
시원한 폭발 수놓은 은하수 아래 별

겉과 속이 같은
적은 믿지 않는
믿을 수 없는 말과 행동

셈이 없는 마음
알 수 없는 생각

계산 불가능한 용기
설마설마하다
승패는 갈렸다

절레절레 흔들리는 고개
부정 분노 협상 절망 수용

패배가 맴도는 적(敵)
적이 침범 못 할 이름

의병(義兵)

· 편지의 무게

서신을 교환하던 벗
어느 날

다른 사람이 편지를 쓴 듯
편지의 무게가 달라져 있었다

글의 깊이가 달라져 있었다
글의 분위기가 달랐다

사람이 바뀌었다
다른 사람이 서 있었다

인생이 바뀔 것을 예감하였다
진짜 바뀌었다

• 비상(飛翔)을 마주하는 그대에게

벼랑 끝에 선
작은 바다 새
끝인가?
시작인가?

처음 그리고 마지막
삶 그리고 죽음

담담한 척
내가 터질 듯
떨면 끝인데
어쩌지 어쩌지

벼랑 끝에 서다
박수치는 파도
환호하는 바람
표정 없는 바위

고기로 보던
늑대와 여우가 두 손을 모은다
바다에 하늘에 몸이나 실어 보리

눈을 감는다
호흡을 고른다
구경꾼의 시선(視線)이 마음을 뚫을 듯

조용히 몸을 던진다
시끄러운 생각을 던진다

벌거벗은 마음이 춤춘다
생명의 간절함
죽음의 절박함

아
날았다
살았다

박수치는 파도
환호하는 바람
웃고 있는 바위

비상(飛翔)을 마주하는 그대에게

• 스나이퍼

삼엄한 경비
위병소에 실탄을 장착한 총을 든 군인
철모를 스친 반만 가린 예리한 눈빛

끊어질 듯 말 듯 팽팽한 긴장감
날카로운 기가 산을 삼키고 하늘을 가린다

옥상 위의 저격수
나를 확대해서 보는 것이 느껴진다
어디를 조준한 것일까?

담담한 척 생각을 숨긴 나의 얼굴
한 발 한 발 마음을 숨기지 못한 걸음걸이

침조차 삼킬 수 없는 적막함
날카로운 기가 산을 삼키고 하늘을 가린다

참호 속 위장한 군인
총구와 시전이 나의 발걸음을 쫓는다

곳곳에 매복한 군인들
숨을 죽이고 나를 주시하는 것이 느껴진다

담담한 듯 생각을 감춘 나의 얼굴
한 발 한 발 마음을 감추지 못하는 걸음걸음

총구가 나의 심장을 노리나?
눈빛은 이미 나의 심장을 관통한 듯

다시 보니

활짝 열린 창문에서 하늘로 날아가는 새를 보는
아직 닫힌 창문 안에 새의 눈동자

위병소에서 뜨거운 총알 대신 불타는 경례를 날리는 군인
참호 속 여기저기 총(銃) 대신 손을 흔드는 군인들

데프콘 훈련하는 날
대한민국 어느 군인이 전역하던 날

• 포커페이스

무표정
한 가지 표정
읽을 수 없는 표정
생각을 읽을 수 없다

나의 생각
그 사람의 표정을 결정한다

도박판에서 최고로 치는 표정
나의 온전한 마음이 아닌 욕심이 상대의 표정을 읽을 때
나의 확률은 제로에 가까워지며 돈을 잃고 나도 잃는다

포커페이스를 보았소?
나는 보았소
정말 한 가지 표정에 만 가지 표정이더이다
내 생각의 흐름에 따라 천의 얼굴 포커페이스
신의 얼굴

너무 아프고 아파

한참을 헤매다 먼 길을 걷고 걸어

신이라 불리는 동상 앞에 무릎 꿇고 만 가지 말을 했소

정말 표정이 만 가지

어떻게 한 가지 표정에서…

천(千)의 얼굴

결국 생각이었다

· 깊은 밤

깊은 밤
구름이 달을 가린다
끝인 줄 알았는데 수많은 별이 빛나고 있었다

무너질 것 같은 초라한 흙집
초라한 집 안의 세간

세파로 가난으로 바닥을 칠 때
나를 깨운 경종

한 선각자 손님
조촐한 찬에 밥을 먹고 대자로 누우며 말했다
배부르고 등 따스우니 여기가 극락이다

초라하고 가난한 것
우리 집이 아니었다

나의 생각이었다

· 여운을 담은 별

별은 별이 아니었다
별은 연기처럼 희미해지더니 지워졌다
환상이라 정의했었다

그런데 별
진짜 별을 보고 말았다
진짜 별이 있었다

절제된 자유로운 영혼
꾸미지 않은 진솔함
속이지 않는 진정성

별이 생을 실어 노래하네
별이 타
벌거벗고 울더니 웃어
울리고 웃긴 별

별과 같이 웃었어
별과 같이 울었어

산화되는 별
옷을 걸치고 눈물을 그치기를

그만 모두 놓고 웃어요
제발 이제 편히 쉬소서

진짜 있다니
진짜가 있었다

무대 밖에서
무대 안에서 같은
별 같은 삶을 산 사람

별이 있었다
별이 있다니

그가 그녀가
폭풍의 암흑을 지나
평온으로 평정으로
무대에서 감동을 전하기를

그가 그녀가
무대 아닌 자신만의 무대에서 안녕하기를
아름다운 여운만 남기는 별이 되기를

· 슬픈 출사표

태양의 욕심
낮으로 밤이 없었다
달이 병들고 별은 죽었다

빌고 빌었는데
먼 산만 보시던

길을 잃은 우리
길이 많은데 어쩌죠?

우리가 잃은 젊은 날의 생(生)
잃을 준비가 되었나요?

시간이 흐르네요
시간은 우리 편이지 싶어요

· 홀로 타는 태양

다른 세상으로
죽는 것 같아

여기
이제 안녕

지금이 옷을 바꾸나?
유채색이 무채색으로

조금씩 물에 잠기더니 온통 물
달과 별이 잠기다

후회와 회한으로 머무는 공기
감사와 사랑으로 지나는 바람

손 흔드는 달
그리는 별
홀로 타는 태양

끝이 끝이 아니기를
돌아오면 끝처럼 살리

대한민국 청년 군대 가는 날

· 사별(死別)

온다고 했는데
도대체 어디 계시오

당신은 없는데
동구 밖엔 오늘도
해가 뜨고 별이 지더이다
별이 나고 해가 지더이다

이런 게 사랑의 마지막이라면
다음 생(生)은 사랑이 없었으면

하늘은 없소
하늘이 잔인하게 반가운 비를 내리더이다
신은 죽었소
신은 잔인하게 화창한 봄을 보내더이다

당신과 나의 사랑
아이가 아이를 낳았다오
손주 보신 것 축하드리오
함께라면 더 좋을 것을
내 힘닿는 데까지 살다 가리

그대 닮은 아이들이 그대 같소

이런 것이 사랑인가 보오
많이 보고 싶소

· 사랑은 같았다

높은 곳에 있는 나
낮은 그대와 눈이 만나다

지루하고 숨 막히는 하루하루
감옥을 탈출하던 죄수
총을 맞고 쓰러졌다

낮은 곳에 있던 나
높은 그대
눈을 맞추다

신선하고 자유로운 하루하루
하늘을 훨훨 날던 새
총알을 피해 더 높이 날았다

눈이 맞은 우리는 높이가 같았다
새가 활강하여 쓰러진 나를 구해 날았다

높은 것이 높지 않았다
낮은 것이 낮지 않았다

하나였다

- 별똥별

마지막
지기 위해 타오르는 님
고사리손으로 쓴 낙서

다시 보기 힘든 별
처절하고 찬란한 마지막

통제를 벗어난 몸과 마음
두 손을 모으고 소원을 빌었죠

드디어
믿을 수 없는 전설

의심이 확신으로
기대가 환호로

필 때도 살 때도 질 때도
그렇게 간절히 절절히 처절히

의심한 만큼이나 무너졌다
사랑한 만큼이나 뜨거웠다

이제 어디로 가시나요
지금 어느 시간을 사시나요
어디든 있긴 있나요?

· 사랑은 두 명

좋기만 한 일이 있을까?
세상 모든 것이 그러한데

아프고 아픈 사랑
사랑의 길이만큼이나

기쁘고 기쁜 사랑
사랑의 넓이만큼이나

반드시 두 명이 온다 했다
하나의 기쁨 하나의 슬픔

반드시 두 명이 온다 했다
하나의 어둠 하나의 빛

좋은 것만 취할 수 있을까?
귀할수록 선명해지는 두 사람

사람이 귀하고 사랑이 귀하니
사람의 사랑은 전혀 다른 두 명

사랑은 한 명 아닌 두 명
사랑은 반드시 다른 색 옷을 입은 두 명

· 긴 하루

어둠 속에서 태어나는 해를 보기를
어둠 속으로 잠드는 해를 보기를

땅의 품에서 깨어나는 풀을 보았으면
생명이 태어나는 계절이었으면

낮잠을 만나기를
꿈속의 꿈이기를

책이 옆에 있었으면
잠시 책이기를

어떤 하늘과 땅이든 보았으면
하늘과 땅이 기다리기를

별이 별을 부르기를
아이들의 밝은 목소리를 듣기를

폭풍처럼 아프다가 고요하기를
누가 먼저든 인사하기를

나만 알기를

· 선(線)이 없다

생(生)의 피할 수 없는 유혹
선(線)을 넘느냐 지키느냐

빚으로 욕심이 담긴 종이를 산다
촛불이 바람과 춤을 춘다

빚으로 바람이 찬 종이를 샀다
선(線)의 경계에서 만취한 그대가 갈팡질팡

빚으로 빛나는 돌을 산다
쉬이 지지 않는 꽃이 핀다

빚으로 투전판에 앉다
생사(生死)의 문제

집문서를 가지고 투전판에 앉다
선의 문제를 넘어선 나라의 문제

선(線)을 넘느냐 지키느냐
생(生)의 피할 수 없는 유혹

· 암전(暗轉)

번쩍
암흑이 태어난다

의자 바뀐 벗
달이 머물지 못하네

의자 바뀐 벗
별만 악수를 청하리

반전의 삶을 사는 사람
달라진 의자

의자를 맞는 사람
추억을 맞는 사람

팔랑이는 모래
흐르지 않는 바위

· 연평

여긴 지옥이었어요
전쟁이었어요

무서웠어요
어머니 아들이 용감하게 싸웠어요

아파요
피가 수돗물같아요

나라의 가치
나라가 가르친 의무의 가치

충(忠)의 가치
목숨의 가치는 얼마인가요?

나라를 지켰어요
나라가 어머니만은 지키겠죠

저 믿어요
어머니만은 안녕하시기를

월드컵을 망치면 어쩌죠?

엄마 나 졸려
엄마 안녕

• 이별 스케치

알리지 않았는데
날 찾았구나
너는 울잖아

둘 다 가만히 있건만
홀연 뒤로 가는 너

시간이 걷는가
공간이 흐르나

놀란 나는 들켰다
너만 보이잖아

같은 공간 속의 연인
다른 시간 속의 연인

속도가 이별을 알렸다

· 승천(昇天)

울림에 가슴이 빈 듯
고요를 날았다

파란색 바람이 불고 별이 춤을 추었다
구름을 거느린 용의 장엄한 포효

설레는 구름을 탄 듯
새의 노래에 취한다

끓어올라 분출하는 님의 피
피가 전이된 듯 같이 뛰는 우리 심장

아픔이 놀란 듯 서서히 잠을 잤다
기쁨이 화들짝 차츰 깨어났다

님의 손짓 하나하나 화살로 꽂힌다
님의 표정 하나하나 천지를 울린다

두려움이 다르게 적히는 순간
느낌표가 물음표를 지우는 찰나

전설로 역사로

하늘에 오르다

꿈 앞에 선 그대에게

• 홀로 핀 꽃

나는 피었는데
나비와 벌은 어디에도 없네

내가 걸을 수 있다면
내가 날 수 있다면

님을 찾아 수줍은 미소를 던질 텐데
요염한 자태를 뽐낼 텐데

님은 없고
황량한 지금 여기

아름다워서 더 고독한
차라리 피지 말 것을
차라리 아름답지 말 것을

비와 바람을 타고 찾으리라
귀한 만큼 어렵게 찾으리라

짝을 기다리는 그대에게

· 수평선(水平線)

나를 당기는 님
수직을 이루는 직선
첫눈에 반하고 만 나의 곡선

몸은 직선에 붙었는데
마음은 저기 저 곡선에

해야
수평선 너머로 오르는 해야
수평선과 매일 무슨 인사를 나누니
부끄러움을 숨기지 못하고
붉은 웃음을 흘리니

해야
산 너머로 지는 해야
수평선을 만나 어떤 안녕을 말하니
설렘을 숨기지 못하고
붉은 눈물을 남기니

직선인가? 곡선인가?
아름다움이 물음을 지운다

• 사랑이야 너만

사랑하니까 떠난대
나 어떡해

너는 바람에 흔들린 걸까?
너는 무엇일까?

사랑하면 날 더 세게 안아야지
사랑하니까 떠난대 너는

너는 현실에서 도망가는 것일까?
너는 도저히 자신이 없을까?

나는 사랑 앞에 무엇도 괜찮은데
커다란 불만 지피고 떠나는 너

네가 진심이면 난 어쩌니?
너같이 슬픈 사랑이 어디 있니?
너같이 아픈 사람은 없잖아

사랑한다면
모두 변명이야
허락할게 가져

부디 그리고 제발
네가 그리고 너만

• 실수와 마주한 그대에게

님의 아름다운 실력에 모두 넋을 잃었다
님의 목소리가 장엄하게 속삭였다

모든 빛이 그대에게 수렴되어 점을 만들었다
님의 아우라에 빛이 빛을 잃었다

그만 실수와 마주했다
빛의 깊이만큼 어둠이 짙었다

당황과 만난 그대
들켜버린 그대의 생각
여우가 가늘게 웃었다
늑대가 숨죽인 채 웃었다

땅이 놀라 멈추었다
하늘이 말을 잃었다

그때 그대가 진짜 그대를 만났다
그대가 온전한 하나로 불타올랐다

실수가 옥의 티라 말한다
아니었다
실수는 화룡점정(畵龍點睛)이었다

그대는 실수로 별이 되다

· 잔인한 봄

봄이 오라고 기도했는데
봄을 한참이나 기다렸는데
봄은 왔다
봄은 없었다

다들 봄인데
나만 겨울
왜 나의 봄만 없는가?

지치고 지친 나
자유를 갈구했는데
자유는 왔건만
이미 갇혔다

그토록 바라던 봄
천지사방 봄
나의 봄은 어디에
나의 신은 어디에

정말 잔인한 봄
애타게 기다렸던 봄
봄이 덧없이 갔다

차라리 겨울이었으면
잔인한 봄이 지나갔다

• 과정이었다

큰물이 지나다 작은 돌을 만나
간지럽히듯 속삭인다

많은 이의 관심을 받은 고3 수험생
수능 시험 중 마지막 문제 마킹 실수
남은 시간 몇 분
답안지 교체라는 결단을 한다
시간에 쫓기며 마킹을 한다
마킹을 하나 더 해야 하는데 답안지가 이미 꽉 찼다

아 밀려 썼다
종료 벨이 울린다
끝이라고 다들 홀가분한 분위기
어쩌냐 어쩌란 말이냐

인생을 건 시험에서 실수했다

실수도 실력이라지만

너무 잔인한 실패

끝인 줄 알았다

아니었다

수없이 많고 중요한 시험이 기다리고 있었다

약(藥)이었다

그냥 과정이었다

· 검은색 새벽

피다가 진 꽃
피자마자 진 꽃
피었는데 잔인하게 꺾이고 밟힌 꽃

차라리 피지 말기를
저렇게 허무하게 필 거면

만약 피는 것이 소명이라면
만약 피는 것이 숙명이라면

모두 잠든 밤에 몰래 피어
모두 피하고
달마저 별마저 피하길

어둠이 함께하고
암흑이 기억하길

그렇게 가장 짙은 검은색 새벽에 지기를

· 정상(頂上)

하나의 산을 넘으면 다른 산이 서 있었다
항상

힘들게 애를 쓰며
고생고생하며
정상에 오르니 좋은데 생각보다 별로였다
무엇을 얻으려 아등바등했는가?
성취감이란 단어를 얻었는가?

정상에서 웃는 저들
왜 웃는가?
저들은 무엇을 얻었는가?
별거 없는데
아래 있는 이들 보라고 웃는가?
설마 정복이라 생각하는가?
대체 왜 웃는가?

정상(頂上)
시작의 다른 이름이었다

· 답(答)을 비우다

아직 인간은 그 무엇도 결정하지 말아야 한다
인간은 아직 시작 언저리에 있다
미래 세대의 사고를 구속할 수 있다
모든 판단은 가급적 미루어져야 한다

언어의 자의성?
파파 아빠
엄마 마마
우연인가?

답안지의 답은 하나
답을 미리 적지 말기를

다음 생각이 오고 있다
진짜 답이 자리를 잃는다

· 너는 아파

모두
왔다 갔다
영원할 것 같던 무엇도

뜨거운 폭풍도 잠시
차가운 어둠은 잠깐

너는 아파
너는 먹먹해

다 없는데
너는 있어

다 갔는데
너는 아파

· 진짜 학문

공부한 노력에 따른 보상
전문성에 따른 보상
너무 심하다
파지 줍는 어르신들에게 너무 가혹한 잣대를 드린다
한글조차 배울 기회가 없는 사람들이 있었다

하심(下心)
그 깊이를 헤아리기 어렵다
이미 다른 이름의 학문의 가장 높은 곳에 있으시다

많은 노동에 아주 작은 대가
큰길을 걷고 있다
꼼수와 거짓을 찾기 어렵다
그 엄청난 철학에 대한 보상이 절실한
돈으로 환산 불가능한 학문을 피와 땀으로 가르치신다

그대는 어떤 공부를 하는가?
돈으로 학문을 계산하는가?
학문이 진짜 책 속에만 있다고 보는가?
만 가지 진짜 학문이 책 밖에 있다

어르신들의 가르침에 우리는 대답할 의무가 있다
환경의 이름으로
고귀한 학문의 대가로
형언할 수 없는 피와 땀의 대가로

· 욕심의 무게

욕심은 무게가 있는 듯
중력의 영향
중력과 반대 방향
많이 가질수록 고통이 찾는 듯

가져도 되는 욕심
가지면 안 되는 욕심
어렵고 어려운 신의 질문

욕심은 많이 가질수록
중력의 끝 가까이에

욕심을 절제한다는 것
절제만큼 자유로운 것

욕심을 내려놓는다는 것
산에서 내려오다
문(門)으로 들어가다

· 공깃돌

공깃돌을 가지고 노는 아이
구경하는 아이

땅에 떨어진 공깃돌은 죽는다
공깃돌이 그대의 목숨이라면
아이들 중 신(神)이 있다면
누구인가?
악마인가? 신인가?

의식주는 장난감이 아닌데
삶과 죽음인데

생사를 가지고 노는가?
놀 수 있는가?
놀게 놔두는가?

투자와 투기는 경계가 모호하기에
의식주에서 둘은 치워지기를

놀아나는가?
같이 노는가?
무엇인가?

· 끝 그리고 끝

수성 금성 화성 목성 토성
우주의 거리를 헤아리다
길고 긴 거리가 목을 칭칭 조이는 듯
아득해지는 마음

시간의 화살
우주의 시간을 엿보려다
까마득한 화살이 심장을 관통한 듯
아찔해지는 생각

무엇을 세겠는가?
아(我)든 비아(非我)든

안과 밖의 이치가 같을까?
밖이 너무 높아 안으로 안으로
안이 너무 깊어 밖으로 밖으로

책 속의 큰 철학
내 속의 작은 철학
정반대 방향의 길
종이를 접으니 끝에서 만난다

끝은 끝이었다

끝은 끝이 아니었다

끝과 끝은 만났다

• 위로를 바람에 실으며

흔들리지 않은 시간
하늘을 아는 공간

죽음도 이상하지 않은 숫자
무엇이 두려운 것인가?

이젠 그만 떨었으면
이젠 그만 놓았으면

바람처럼 자유롭기를
바위처럼 고요하기를

그나마 비슷한 시간 속에
그나마 비슷한 공간 안에

위로를 고이 접어
바람에 바람을 실으리

지금 여기의 그대에게

· 기억 상실

지금 여긴 어디인가?
대체 어떻게 된 일인가?

나는 분명 다른 곳에서 다른 일을 하고 있었는데
이곳이 익숙한데 낯설다

늦잠으로 인생이 조금 상했는데
아깝지 않았다
꿈이 묘해서

지나 보니
상한 것이 없었다
되레 매우 귀한 생(生)을 선명하게 얻었다

내가 누구인지도 모르겠다
어딘가의 나는 지금 이렇게 꿈을 꾸는가?

어느 것이 진짜란 말인가?
어느 기억을 잊어버린 것인가?

· 악연(惡緣)

바람으로 흘리기
독화살을 날리면 살짝 피하기

혓바늘 하나하나 차가운 칼이 꽂히네
입김은 불을 뿜어 죽을 듯

돌려주려다 참는다
같은 말을 주고받는 것
오십 보 백 보

외나무다리에서 만난다
꽃의 미소로 늑대의 이빨을 스친다

악연도 인연
게다가 진한 색

사람을 걸렀다
생사의 순간에나 얻는 보물

외로운 항해보다 무서운 것
악마와의 항해보다 비참한 것
가면을 쓴 자와의 항해

• 생각을 따른다

말을 줄인다
말을 듣는다

말이 생각
네 생각이 들려
네 마음에 취했어

빈 술잔에 생각을 따른다
투명한 마음만 들이켠다

흘린 생각을 줍는다
안주 삼아 먹는다

고이 접은 마음
너에게 취하다

· 끊어진 인연(因緣)

지나다 개가 으르렁
이래저래 귀찮아 두었다

개의 깨갱
외마디 비명
그렇게 듣고 싶었던 소리

감흥이 없다
이미 끊은 인연이었다

세상의 이치가 바로잡더라
짖는 개는 놔두리라

하찮은 것은 흘리리라
세상을 믿으리

나를 돌아보리
나만 바로 보리라

• 대답 없는 메아리

어디까지가 빛이고 어둠인가?
어디가 경계인가?
답이 있긴 있는가?

신이 죄를 만들었나?
인간이 죄인가?

신이 죄를 만들어 인간에게 묻는가?
왜 묻는가?

말도 안 되는 이치
너무도 정확한 이치

선(善) 그리고 악(惡)
시작 그리고 끝

무엇인가?
어떻게 살아야 하는가?

· 고향

그리운 곳
나의 처음
나의 초심(初心)이 묻어 있는 곳

금의환향(錦衣還鄉)이 아니더라도
금의야행(錦衣夜行)이라도

추울수록 따스한 태양
아플수록 빛나는 별
힘들수록 울리는 달

줄을 타다 추락하면
돌아가 안길 익숙한 곳
최후의 여정
마지막 위로

수구초심(首丘初心)
생(生)의 끝에서 엄마 젖을 찾는다

가장 순수하고 보호받던
그때 그곳

· 인사

인사가 만사이다
사람을 관리하는 시스템의 중요성

이제 더 중요한 곳에 적용해 보자
인사만 잘해도 조직은 살아남는다
아니 승리한다

사람을 채용 관리하는 시스템
조직의 문제

안녕
안녕하세요

그대의 인사에
그대의 인생이 밝아진다
미래가 휘황찬란해지거나
최소한 희미하게나마
불빛이 쉬이 꺼지지 않는다

그대의 인사에 세상이 색을 가진다
우주에 은하가 하나둘 태어난다

인사가 만사(萬事)

· 중도(中道)

기대 없는 기대
바라지 않는 바람

소원 없는 기도
대상 없는 사랑

끝과 끝
전혀 다른 데 같아

서로 정반대 선을 그린다
두 선이 점점 멀어진다
두 선이 끝에서 만난다

길은 많고 달랐다
길은 없고 같았다

길의 끝
문(門) 안으로 들어가다

· 중용(中庸)

나 그리고 너
가운데 같이 서 있다

넘어진다
다시 걷는다

선악을 모두 담는다
세상이 두루 빛난다

치우치지 말기
넘치지 말기

길 가운데서 문(門) 안으로 들어가다

• 시점 전환

큰 녀석이다
천천히 접근한다
재빠르게 낚아챘다
지금! 지금이다

잡았다
먹었다
아! 낚였다

식사를 하려다 식량이 되는구나
천적의 손아귀
끔찍한 소름

뭐야?
내가 왜 다시 물속으로
다시 보니 부처님의 얼굴 감히
손까지 흔드는 녀석
미친

아 아파 흉 졌어
이번 생(生)에 결혼은 텄네 텄어

운수 좋은 물고기

· 죄책감

신이 묻는 듯
어려운 시험이 있었다

독이 든 성배는 창피하지나 않지
아주 짓궂은 물음

답은 안다
옮기기 어렵다

생각이 다른 답을 속삭인다
종종 따랐다

쉬운 질문을 번뇌로 옮기는
작은 그릇

평생 남을 생각
여기에 놓고 가리
경험으로

평생 남는 순간
평생 남을 것 같은 순간

그럴 때는
걸친 것을 모두 벗고 알몸으로 맞으리

스스로에게 던지는 돌
피할 길이 없네

어이없는 선택
욕심이 놓은 덫

알몸으로 새벽 태양을 맞는다
생각으로 자정의 달을 입힌다
마음으로 마지막 별을 담는다

벌거벗은 저를 그만 놓아주소서
저는 이렇듯 처음입니다
저를 그만 놓아주소서

• 사랑한다 아가

부모는 자식을 이길 수 없다

왜?
사랑하니까
내 새끼니까
인생의 답은 없으니까
부모가 틀릴 수도 있으니까
책임지지 못할 눈물

곳곳이 물음표
아이에게 무슨 답인들 안기리

네가 선택하고 네가 아프길
네가 결정하고 네가 행복하길

아픈 것도 생의 깊이
행복한 것도 생의 잠시

품 안의 자식
품 밖의 자유

자유는 장미란다
그냥 사랑한다 아가

· 부끄러운 기록

선서
큰 기대도 없었지만 심하다
겨우 헤게모니였는가?

성스러운 사상을 담은 직업
천박한 생각으로 가리다
흰옷을 집어던지는 연극

세상을 희롱한 이익 집단
아픈 사람을 죽게 두었다
고귀한 몇몇만 지켰다

결국 돈이었나?
겨우 권력이었나?

가면을 벗고 민낯을 드러내다
이긴 것 같은가?
영원한 패배로 남을 것이다
일개 이익 단체에 나라가 끌려다녔다
오직 국민만 제자리를 굳게 지켰다

흰옷은 치외 법권인가?
기억하리라
기록으로 남긴다

· 루틴(Routine)

일상은 익숙한 곳에
비슷한 사이클

사색은 우주 곳곳으로
새롭고 낯선

승부처
루틴(Routine)

익숙함은 평정
불안을 재운다
다른 곳에 간절한 순간
같은 행동

작은 하나하나
같은 가랑비

모여 모여
바다에 색을 입힌다

· 용감한 선택

시험
불합격은 상처

노력과 기대에 비례하는 상처
깊이만큼 필요한 치유의 시간

노력과 기대가 없다는 것
흉터가 없는 전사

내성이 되면 패배와 악수
합격은 별

포기하는 것도 용기
실패하고 포기한 그대
그대는 이미 넘었다

용감한 선택
신의 시험에 합격하였다

· 각인(刻印)

어린 시절 눌러살던 곳
고향

커서도 종종 찾던 곳인데 낯설어
다시 보니 작아졌어
공간의 크기 거리의 거리

처음 각인된 기억이 최근 기억을 지웠어
오래된 기억이 가까운 기억을 이겼어

공간과 거리의 괴리
과거와 현재의 괴리

지금의 나
어린 시절의 나
미래의 나

나는 어디에 있는 나를 만날는지

어느 생각이 진짜일까?
어느 마음이 날 맞을까?

• 시(詩)의 이름

피라미드 등 고대의 미스터리
놀라운가?
시작도 안 했다
생(生)은 항상 상상 그 이상이었다

모기와 씨름을 하다 알았다
바퀴벌레와 사투를 벌이다 느꼈다

미물(微物)이란 이름
지워질 이름

생(生)의 시간 그리고 공간
생(生)의 생각 그리고 마음

모든 생명이 다르게 해석될 것이다
본디 귀한 자리를 찾아갈 것이다

감히 예언한다
시(詩)의 이름으로

· 풍선

적게 가진 사람은 잃을 것이 적다
생사의 문제만 피하면 쉽다

가진 것이 없는 자
가진 자를 바라보다
없으나 당당해

가진 것이 없는 자 디오게네스
없는 것이 없는 자 알렉산더

해를 가리지 말라니 비켜섰다
서로 전혀 다른 데 같았다

가진 것이 너무 없는 자
가시밭

가진 것이 너무 많은 자
가시밭 한가운데 위태로운 풍선

· 위험한 완장

말 하나하나 잔잔히 울리네
노래에 색을 입힌 듯

이상한 치명적 매력
한 번쯤 탐나는 자리

거기에 앉는다는 것
빛 좋은 비싼 잔의 독을 비우는 것

이상한 자리
거기만 앉으면 바뀐다
파멸이다

나는 아니겠지 하고 간다
그러나 같다

사람의 상(相)이 바뀌었다
그렇게 생(生)이 바뀌었다

죄(罪)가 태어나는 자리

· 조금 다른 꿈

꿈은 최대한 작게 자주 꾸기
아주 작은 것에 감사하기

손해에 매달리지 말기
조금은 손해 보기

새로운 것보다 가진 것을 아끼기
빚은 내지도 주지도 말기

신(神)이 힘들지 않을 만큼만 기도하기
나의 기대대로 살기

아무 대가 없이 주기
적당한 대가를 주기

기대 아닌 기도하기
그렇게 가족과 함께하기

나쁜 생각을 두고 가기
좋은 생각을 놓고 가기

• 나락의 각성(覺性)

생사(生死)를 오가는 순간
방심한 본심이 스치는 찰나(刹那)

지난 고통에 대한 보상
현재로 미래를 바로잡는 순간

안개를 지운다
모든 각성(覺性)을 연다

사실만 줍기
지옥에서 바로 보기

너를 안다
나를 안다

모두 제자리로

· 아동 학대

천사 같은 너를 어찌 잃는단 말이냐?
네가 없는 지금 음산함만이 흐른다
네가 없는 여기 회색 비만 내리네

우리가 잘못했어
너의 해맑은 몸짓 하나하나
처절하게 밟힌다

너의 참담한 일상
못 보고 안 보고

너의 생이 우리의 내일
내일은 없다

너의 대견함
못 보고 안 보고

우리를 용서하지 마라
희생된 아이를 추모하며

지금 여기
지울 수 없는 죄(罪)
기록(記錄)으로 남긴다

- 너와 나

내가 지옥을 가잖아
오지 마 너는
생각이 지옥으로 부르잖아

나만 갈게 지옥
너는 제발 여기에

둘 다 지옥이면 안 되잖아
내가 어떻게 찾고 그럴까?

생각이 너를 찾을 거야
마음이 너를 안을 거야

너와 나
생각이라도 밝기를

너와 나
마음이라도 쉬기를

최선

결과가 어떻든
후회가 보이지 않는다

사람의 최선을 하다
후회 없는 도전

결과는 답이 아니다
이미 과정이 답이었다

생각은 겨울이다
흐르다 멈춘다

마음은 봄이다
이미 얻었다

마법 같은 신의 길
사람의 최선

· 참척(慘慽)

신은 없다
신은 죽었다

네가 그립다
이곳이 싫다

메마른 울음
하늘을 메운다

미안하다 아가
얼마나 아팠니?
얼마나 무서웠니?
얼마나 살고 싶었니?

신에게 자격을 묻는다
누구와 사람을 그리나?

신을 지운다
만들지나 말지
신의 뜻이 무엇인가?

아이는 데려가지 말아야 했다
우리는 없다

마지막 잎새가 떨어지다

· 영원한 기록(記錄)

첫 만남
첫 키스

심장에 남긴다
말과 글이 뛴다

다리를 건너려다
옛이야기를 부른다

뼈에 새긴 눈물
피에 흐르는 웃음

함박눈 송이송이
그중 빛나는 몇을 수놓다

• 가족(家族)이 있다

돈이 없다는 것
먼 길을 홀로 걸어가는 것
사계절을 그대로 맞는 것
하고 싶은 무엇도 쉽지 않은 것
초라해지는 것
거지가 될 수 있는 것
죽을 수도 있는 것

돈으로 살 수 없는 몇 가지
누군가를 위해 기도한다는 것
길을 응원한다는 것
울음에 같이 우는 것
의지할 수 있는 것

많은 것을 건다
전부는 아니다
가족(家族)이 있다

· 한 노비의 출사표(出師表)

한 번이라도 날고 싶어
짐승 아닌 사람이고 싶어

이제 죽으리
주인으로 잠시 살다 가리

그만 참을래
허락할게

잠시라도 불(火)이다 식으라고
잠시라도 의지를 태우라고

어깨 펴고 고개 들어
떨지 마
언제 죽어도 이상하지 않은 생(生)이었어

낮아야 높아진다
천(賤)하면 귀(貴)해진다

낮아야 들키지 않는다
내가 걷는 곳은 길이 되리라

· 도박(賭博)

작은 투자 대비 큰 수익
도박의 다른 이름

집값 폭등
누구를 위한 것인가

같이 죽자는 것인가
같이 살자는 것인가

돈에 갇히다
돈의 노예가 되다

다른 가치가 점점 더 희미해
세상이 온통 황금빛 느끼함

다른 길로 가려 할수록 당겨
고무줄을 묶은 듯

볼모가 가족
생사의 문제가 황금

핑계를 만들어 다시 찾는다
이래저래 다시 도박

· 서서 맞으리

힘들게 태어났다
자라고 늙어간다
죽어간다

병(病)이 온다
반갑지 않은 손님
피할 수 없는 손님

불공평하게 찾아온다
공평하게 찾아온다
이치 아닌 이치

병 앞에
편견과 차별이 숨는다
대자연 앞에 벌거벗는다

치부 가린 손을 치우리
양손을 펴고 서서 맞으리
그렇게 잠시 스치리

· 작은 하나

하나를 보면 다 안다
누구나 언젠간 흘린다

모든 각성을 깨우고 줍는다
매우 사소한 것

수없는 복기
가면 속 얼굴을 엿본다

그 작은 하나
인생의 선택적 동반자를 정한다

그대의 인생
지금 여기서 갈린다

큰 것은 답(答)이 아니다
매우 작은 하나

· 무능의 악수

저기 허수아비의 노래
누구의 노래인가?

도덕성을 배제한다?
무슨 말인가?

청렴을 배제한다?
대체 무엇을 들었는가?

헤게모니 없는 리더?
무능이 부도덕에게 악수를 청하네

여기 꼭두각시의 춤
누구의 춤인가?

· 미개함

제정일치(祭政一致)
제사장 군주의 통합
상위 체제로의 전환이라 불린다
지금은 다시 분리되었다

원시인이 미개하다?
아니다
최소한 신앙이란 말이 들어왔다는 것
철학이다

지금도 찾지 못한 답
찾고 있는 답
이미 찾았을 가능성
답을 가진 자

몇 차 혁명?
단지 하나의 과정
답이 없는 우리
미개함은 현대인의 몫

· 폭력(暴力)

죄(罪)
하나를 얻으면 하나를 잃는다
하나가 죽으면 다른 하나가 태어난다

생각보다 정당한 폭력은 없다
폭력은 또 다른 폭력을 깨운다
폭력 에너지 보존법칙

죄수를 사형할 수 있는 가치
그런 가치를 지닌 사회는 없다

피해가 피해를 찾고
피해자가 피해자를 만난다

원죄(原罪)
신은 모두 다 주진 않는다
신은 모두 다 뺏진 않는다

죄(罪)가 있는 곳엔 죄가 선행한다
매우 같은 방식으로 돌고 돈다

· 삶과 죽음

생(生) 그리고 사(死)
인생의 가장 큰일
무겁게 온 만큼 가볍기를

초연하기를
나만 남기를

찰나 어둡다가 영영 빛이기를
모두 있다 하나도 없기를

마냥 두려워 떨기를
마냥 행복하기를

하나의 문이 닫혔다는 것
새로운 문을 열었다는 것

후회 없다
미련 없기를

- 아이의 인사

저항할 수 없는 공간
알 수 없는 시간

모두 싫을 때
지옥인 듯

노란 옷의 아이
웃으며 손을 흔든다

모두 녹았다
지금 여기가 휘었다

아이의 인사
시공(時空)을 틀었다

• 이별 앞에 연인

차라리 펑펑 울지
촉촉한 네 눈

아픔이 온다
계속 참는 너

우리 같이 울자
내가 먼저 울게

이별을 눈물에 흘리자
울음에 아픔을 던지자
모두 여기 놓자

우리
이별을 떨구자

· 칼을 든 사람

제단 앞에 칼을 든 사람

이상으로 시작한다
현실로 끝난다
이상과 현실의 괴리
아(我)의 이익을 주장한다는 것
중요한 본질

개인의 이익은 사회의 선(善)
개인의 이익이 사회의 악(惡)

도덕성과 이상
현실은 흑백(黑白)이 아니다

노자의 말 부처의 표정
악마와 입을 맞춰야 하는 자리
죄(罪)가 가득한 의자

무거운 자리

무서운 자리

죽음의 의자

가족까지 앉은 긴 의자

칼의 무게만큼 빛나리

피의 무게만큼 아프리

- 사과(謝過)

직선은 위험하다
생이 위태로울 수도
직선의 사과
대은(大恩)을 얻을 수 있다

곡선은 안전하다
생이 위태롭진 않다
곡선의 사과
진심이면 시작이고 변명이면 끝

직선과 곡선
답은 없다

붓도 종이도 너무 많다

• 들에 핀 꽃

고개 까딱까딱
만개한 미소 머금은 소리
어린 아가의 흥에 겨운 표정

마치 나는 듯 신난 가벼운 춤사위
고운 기운이 세상을 웃게 하네
귀한 소리에 천국이 여기인 듯

어떻게 같이 웃지 않을 수 있겠니?
천상의 미소 앞에

숨길 수 없는 향기를 가진 꽃
아름다움을 가릴 수 없는 꽃

야생화(野生花)

• 보물찾기

산토끼를 찾아 헤매다 쓰러진 그대
집토끼가 그대를 애타게 찾는다
멧돼지를 찾다 길을 잃은 그대
집돼지가 그대의 발소리를 힘없이 기다린다

집토끼가 땅을 판다
집돼지가 위태롭다

안을 단속하고 밖을 보기
지금을 잊지 말기

산토끼는 공기였다
멧돼지는 물이었다

소중한 것은 항상 가까이에 있었다
사랑도 행복도 나도

보물찾기
나를 안아주기

· 자왈(子曰)

부족했다
그저 평범한 사람이다
노력으로 조금씩 알아갔다

겸손함이 시작이다
겸손함이 끝이다

돈이 없다고 부끄러울 수 없다
자랑도 아니다

제자들은 도반(道伴)이다
회(回)가 짙은 색이었다

배우고 가르쳤다
가르치고 배웠다
함께였으나 혼자였다
혼자였으나 함께였다

사람 사이
이것이 가장 높다
전부 가운데서 한결같다

순간과 영원을 바꾼 인생

스치는 생을 영생(永生)으로 기록하다

생각으로 마음을 얻다

· 사람 사이

사람 사이의 관계
샘의 원천(原泉)

답은 두 개가 아니었다
하나뿐인 생존이었다

사람의 인(仁)
사랑의 인(仁)

좋은 생각으로 상대를 맞이한다
좋은 마음으로 상대를 사랑한다

생명(生命)은 항상 옳았다
잠시가 아니었다

눈물에게 물어볼 것을
너와 나 둘 사이

세상 모두 담은 우리 사이
우리만 몰랐어

사랑을 잃은 인(仁)
사람을 잃은 인(仁)

· 높은 관계

강하고 무서워
천하를 압도하는 기운
아기가 되더라
부모 앞에서

세상 무서운 눈빛이 동심으로 가득해
비수가 함박눈인 듯

천둥이 웃겼어
벼락이 간지러워

세상 가장 높은 관계
상호 존중의 시작

인(仁)의 기본
사람의 효(孝)

· 오해를 대하는 자세

한결같은 고향 나무처럼
나도 자리를 지키리

비가 불러도 대답하지 않으리
많은 오해와 비난을 홀로 안으리
잠시 다른 색으로 불리어도 색은 같아

비가 멈추리
생각이 그러하듯
바람이 없으리
마음이 그러하듯

훗날 벗이 찾으면 향수를 전하리
따스한 익숙함을 선물하리

나를 안고 다독거리리
그동안 참 잘도 참았다고 고맙다고

· 연저지인(吮疽之仁)

병사의 고름을 빨아주는 장군
아이도 목숨을 걸겠구나

우는 메아리
잊지 못할 유지

앓힌 자가 일어난다
감긴 자가 눈을 뜬다

메아리에 취해 바다로 나간다
유지를 품고 불로 향한다

세상이 빛의 색을 놓는다
사람이 간절한 색을 가린다

온 생각을 채운 말의 울림은 깊다
온 마음을 담은 행동에 심장이 운다

남편을 잃었다
아이마저 잃겠구나

노모(老母)의 눈물
그 깊은 의미

시(詩)로 남긴다

· 선(善)과 함께

선(善)은 왜 만들었나?
빛이 나고 어둠이 태어났다

악(惡)이 기지개를 폈다
선(善)과 함께

빛이 찬란할수록 어둠은 진해졌다
차이를 넘은 차별

빛이 어둠을 꾸짖는다
어둠은 어이가 없다

신의 뜻이 무엇인가?
설마 벗을 찾는가?

· 둥지 잃은 새

둥지 잃은 새

잠을 잃은 새
꿈을 잃은 새

너무 아픈 새
알을 낳지 못하는 새

너무 멀리 왔다
아프다

투기는 없다
투자만 남았다

환상을 좇는 세상에 던져지다
허상만 우주에 흐른다

가져도 가득 채울 도리가 없다
생각은 망상으로 흐른다

마음에 자리하는 끝없는 공허
가장 큰 과오(過誤)를 기록(記錄)한다

· 악마의 풍선

두려움은 피할수록 커지는 악마의 풍선
광장으로 나아가 공포와 마주하기

은둔은 악마를 나의 방까지 부르는 통로
그대의 집과 방이 위험하다

무아(無我)의 나
뺏기면 안 된다

영혼은 휴식으로 풍요롭다
쉬지 못한 영혼이 위태롭다

겁에 질린 그대
한 걸음만
기어서라도 가자

첫걸음에 악마가 놀란다
간절한 바람
용기가 태어나리
그대는 죄가 없다

우주가 그대를 응원한다
신(神)이 그대와 같이 걷는다

· 가족의 의미

살면서
신(神)같은 사람을 보았다
대가 없는 사랑

불치의 장애를 가진 자녀
극진히 돌보는 어머니
대가가 기대되지 않는 상황

돈과 인연이 없어
밥을 먹지 못한다
늙은 부모가 회춘(回春)한다
자식에게 밥을 먹인다

가족이다
서로 의지한다
같이 산다

가족의 의미
존재만으로 절대적 가치

사랑한다는 것

너를 알아가는 재미
너는 알수록 먹먹해

네가 웃으면 그냥 웃겨
네가 춤추면 난 날듯

너를 알아가는 달
너는 알수록 태양

없던 공감이 태어나
네가 아프면 울고
네가 없으면 안 돼

너는 알수록 슬픈 별
너는 볼수록 태양

눈물로 너를 그리며
사랑에 빠진 그대에게

· 고마운 선물

빛이 빛에 숨어서 못 봤어
태양이 지니 별이 선명해

너의 성공을 축하해
너무 감사한 선물

힘을 가진 너를 본 것
정말 다행이야
너를 벗이라 생각했어

힘이 없는 너는 가면을 썼었지
힘이 생긴 너는 가면을 벗었어

네가 준 모욕 그리고 조롱
큰 선물

다행이야
의지할 뻔했어
이젠 가면을 써도 잊지 못할 얼굴

한때 벗이라 생각했던 너
선물 고마워
잘 쓸게

• 성년식(成年式)

먹구름 뒤에 빛을 보다
숨었는데 그림자를 들키다

사람이 보이는 시기
사람이 드러나는 시기

많은 부분을 아는 날
감출 수 없는 날

벗을 정하는 순간
생(生)이 바뀌는 순간

하나의 여정을 마치는 향연
이미 시작된 아찔한 여정

· 시골

하늘로 바람에 오른 나뭇잎
땅에서 뒹구네

이촌향도(離村向都)
어려서 듣던 울음
지금 더 들리는 비명

병목 현상
어려서 듣던 낭비
지금 더 보이는 허비

한 발짝도 떼지 못한 걸음
퇴행하는 세상

지금쯤 뛰고 날 줄 알았는데
지난 시간의 단어를 문장으로 읽으며

• 영감(靈感)의 이름

보이지 않는 무엇
들리지 않는 무언가

죽음은 끝이 아니다
시작이다
찾고 찾은 영감

영감(靈感)의 이름으로 감히 남긴다

안심하기
사과나무를 심기

놓는 것
가지는 것
구분하여 짐을 꾸리기

시(詩)의 이름으로 새긴다

· 신의 소망

타인에게 주는 기운
비아(非我)의 이익을 바라는 기도

바람을 담은 눈빛
아린 눈물

이해할 수 없는 기운
몽롱한 색(色)

타인을 살리는 님의 바람
울림 가득한 노래

바라지 않는 바람
신의 소망

· 지금 여기

권선징악(勸善懲惡)
이곳 사람들이 날 울려요

시민이 악(惡)을 지워요
국민이 선(善)을 깨워요

작은 땅 작은 사람들
큰 생각 큰마음

내가 흔들릴 때
여기 사람들이 날 바르게 해요

지금 이곳
이 땅의 미래요?

그냥 빛이에요

· 파도

과거에 무엇이었다
지나간 것
그중 가장 높은 위치

생(生)은 파도
오르고 내리고

왜 올랐을 때만 쥐고 있는가?
헛된 일

생각은 항상 위에
지금은 항상 아래에
거기도 여기도 희미해

지금을 살리라
파도가 되리라

- 미안해

해맑던 웃음
영롱한 기운
너는 없어

아가
네가 가고
하늘이 여기를 흰 눈으로 덮었어

살려고 살려고
치열했던 너의 몸짓에 말을 잃은
지금

미안해
정말 미안해

얼마나 아팠니?
늘 혼자였던 너

저항할 수 없는 악마의 비수
모든 것을 내려놓은 너

네가 죽던 날
여기도 죽었어

· 지렁이

용이 나는 개천이 많이 없어져서 안타까웠다
아니었다
개천은 많고 많았다

이무기는 더 처절하게 진화하였다
너희가 아무리 막아도 안 될 것이다

나도 끝인 줄 알았다
너희가 틀렸다

이무기는 항상 꿈을 꾼다
수많은 지렁이와 이무기
하천의 흙을 씹고 씹는다
오물을 벗 삼아 승천(昇天)을 기다린다
비를 기다린다

화장기 없는 초라한 얼굴
감추지 않았다
이렇게 귀한 화장을 한 용(龍)

평등은 생물이었다
하늘과 땅이 키운다
스스로 살았다

흔들리는 그대

정의(正義)는 어렵다
하나만 놓쳐도 색(色)을 잃는다
그러기에 가치가 드높다

많은 악(惡)이 찾을 것이다
많은 선(善)이 다른 곳을 볼 것이다

흔들리는 그대
정의가 잠시 머문 것도 기적

정의에 갇히지 말기
정의에서 헤어 나오기

잠시 후
정의가 그대를 지킬 것이다

• 이미 남겼다

태양으로 달이 희미하다
태양으로 별이 없다

그대가 살아간다는 것
그 자체로
그대는 남겼다

그대
풀이 보았다
바람이 기록했다
사람이 마음에 담았다

그대의 하나하나
모두 기록되었다
이미 남겼다

그대는 행복해야 한다
그대는 이미 남겼다

자녀가 없어 아쉬운 그대에게

· 결국 같았다

사람
차별하려 애쓴다
차이를 두려 애쓴다
식물 그리고 다른 동물과
모든 악(惡)을 정당화하려는 듯
다른데 다르지 아니하다

무지개는 경계 없는 만 가지 색
인간이 단 일곱 가지 색으로 경계를 만들다

명도와 채도는 무한대

호모사피엔스는 계속 특별함을 찾아 쓴다
계속 깨지는 특별함

우주 만물이 차별을 지니듯
위치가 쉼 없이 바뀐다

결국 같았다

· 큰일

결혼
다른 두 사람이 만나 돛단배를 타고
감히 바다로 나아가는 것
결혼으로 이미 크다

출산
나를 닮은 사람에게 인생을 선물하는 것
출산으로 이미 깊다

육아
나보다 높은 가치가 나를 살라는 것
육아로 이미 높다

봉양
나를 지켜준 수호신을 위해 풀을 묶는 것
봉양으로 이미 넓다

· 봄눈

고이 쌓인 흰 눈을 걸으며
첫발이구나
그리 깊은 발자국을 남겼건만
다시 보니 없다
봄눈이었다

꿈인 듯
인생이었다

그리 될 것을
설레던 나
정복이라던 나
잠시 봄눈이었다

· 그릇

같다고 말했다
젊은 날의 그대와 늙은 그대

둘이 마주한다
어떠한가?

그립지 아니한가?
부럽지 아니한가?

무엇이든 색이 있다
모두 섞이면 검은색

무엇이든 빛이 있다
모두 전에는 그냥 빛

마음은 같다
그릇이 다르다

차는 같다
때론 그릇이 차를 말한다

· 빛이 없는 매조도

봉황은 봉황이 아니었다
까마귀는 까마귀가 아니었다
자리가 바뀌었다

꽃을 꺾었으면 책임을 져야 한다
추한 노욕

청초한 꽃
잔인하게 밟혔다

다른 곳에서는 빛
여기서는 어둠

필부(匹夫)보다 못난 사내
그만 버리소서

아이 풀도 아비를 잊으리
끊어진 인연은 버리소서

· 행운(幸運)

돛을 단 배가 순풍을 만난 듯
운(運)이 좋은 날
바람을 타고 멀리도 갔다

하늘이 변덕을 부린다
만세를 불렀건만

돌아가자니
한참을 기다려도 순풍은 오지 않네

폭풍이 인사한다
역풍이 약 올린다
돌아갈 길이 막막하네

행운(幸運)은 어찌 이런가?
불운(不運)과 죽음이 약속한 듯
번갈아 인사하네

행운은 그저 스치는 꽃 내음
준비 없는 행운은 악몽

• 아이가 없다

아이가 싸구려 장난감을 간절히 원할 때
돈이 없다고 위안하며 사 주지 않았건만

돈이 모자란 것이 아니었다
생각이 모자란 것이었다

무엇이 아니었다
마음이 부족한 것이었다

뒤늦게 사주고 싶건만
아이는 값비싼 장난감도 원하지 않았다

부모만 기다리지 않는 것이 아니었다
아이도 기다리지 않았다

· 비교

비교는 늘 고행이다
오르게 한다
내리게 한다

비교는 늘 죄(罪)와 친하다
자만하게 한다
자책하게 한다

비교는 늘 끝에 위치한다
살 수도 죽을 수도

비교는 늘 둘이다
장점은 작고 단점은 크다

비교는 늘 끝이 없다
잠시 행복하다
영영 불행하다

비교는 늘 다르다
답이 작아진다
답이 커진다

비교는 늘 강요한다

채찍으로 강박을

떨림으로 불안을

· 생각의 길이

생각이 길었다
생각이 짧았다

길고 긴 장마는 소나기
짧고 짧은 봄날은 바람

알 것 같으면 끝
몰라서 찾고 찾으면
이미 서 있었다

알 것 같은데 모른다
몰라서 찾고 찾았다

생각을 담았는데
담긴 것이 없었다
정말 없었다

· 벗

좋은 벗을 만나면 만날수록
생(生)은 안전해

나쁜 벗을 만나면 만날수록
생은 위험해

과거의 벗은 현재
지금의 벗은 미래

좋은 벗은 기회
얻기는 어렵고 잃기는 쉬워

좋은 벗은 맑은 물
있을 땐 모르고
없을 땐 간절해

그대의 생사(生死) 그리고 미래
지금 그대 옆의 벗

· 꿈

이루어지지 않는 일
하늘의 허락이 필요한 일

놓아야 잡는다
비워야 채운다

그대여야 한다면
일이 그대를 찾을 것이다
하늘이 구름을 보낼 것이다

꼭 그대여야 하는 일
맞는가?

아마 꿈일 것이다
세상은 무엇이 아니어도 항상 서 있다

• 루카(luca)

제비가 씨를 흘렸나?
눈물이 어찌 흐르나?
핏물은 결국 남는가?

생명의 시작
시작부터 기적

노력해도 살기 어렵다
생(生)을 전하기 어렵고 어렵다

그대가 간절히 원한 무엇
그대의 후손이 할 것이다
루카(luca)의 첫걸음

항상 생존(生存)은 선택받았다
루카(luca)의 걸음걸음

살기 살아남기

• 사자성어

만년(萬年)의 경험 찰나(刹那)의 각성

호사다마(好事多魔)
둘은 항상 같이 다닌다
좋다고 웃지 말기

설상가상(雪上加霜)
불운은 손을 잡고 줄지어 온다
나쁘다고 울지 말고 준비하기

전화위복(轉禍爲福)
기다리고 노력하기
화를 보내고 복을 받기

결자해지(結者解之)
운명은 피하지 않고 풀기
손바닥을 뒤집기

운칠기삼(運七技三)
타고난 자의 노력을 넘으려 하지 말기
인연이 있는 일을 찾아 시작부터 앞에 서기

유아독존(唯我獨尊)

나를 알기

언제나 나

· 복(福)

손은 두 개
많은 복이 와도
하나를 놔야
다른 하나를 잡는다

부러워하지 말기
손은 두 개
무엇이 많든
단 두 가지

진짜 귀한 것
두 손으로 잡아야 한다

다른 것을 쥐면 그만
부러워하지 말기
깃털로 가기

• 이미 높다

황금빛 생각에 소금을 뿌리며
황금빛은 단지 반사 작용

고급 차를 타지 않아도
높은 아파트에 살지 않아도
비싼 옷을 입지 않아도
이미 귀한 그대

그대의 웃음 방긋방긋
그대의 울음 방울방울
부모님은 웃고 울었다
돈으로 환산 불가능하다

이미 높고 높은 그대여
그대는 왜 그리 낮은 자리를 찾아 앉았는가?

그대의 옹알이
그대의 첫 키스
그대의 무엇도 황금빛에 가리지 않으리

그대가 없는 세상
아무것도 없는 세상

그대여서 있다

· 오리

적이 모두 버리고 납작 엎드려 듣는다
대보단, 풀 깊은 화두를 던지다
나라를 안전한 가운데에 놓았다

신언서판(身言書判)
키가 너무 작아
난 여기까지일까
시작도 못하고 끝인가

키 높이 신발을 신다
눈빛이 탁해지고 기(氣)가 어지러이 흐르네

귀인(貴人)이 훈수를 둔다
완벽한 뱀에 다리를 그렸구나
무엇이 두려워 자신과 세상을 속이는가?

오리가 더 낮은 높이를 취하다
오리 드디어 날 자세를 가지다
오리 그렇게 높이 날았다

오리 이원익

· 위대한 민족

기다렸다는 듯
자율적 융화를 잘 이룬 주인

맑은 물처럼 흘렀다
이끼는 저절로 걸러냈다

항상 있었다
만물의 본질

같이 같은 책을 읽었건만
서로 같지 아니하다
읽는 이가 다르다

우리가 으뜸
만년의 피와 땀

신의 질문이 바뀌는 시기가 도래하다
세운 것보다 어려운 지키기

민주주의에 대한 이해력이 높은 민족
민주주의 그 자체인 듯

위대한 민족(民族)

· 만시지탄(晩時之歎)

별이 별을 알아 보다
달이 해와 같이 달이 되다

쌓은 공부가 부족하여
좋은 책을 알아 보지 못했다

좋은 책과 인연이 닿았건만
잡서(雜書)를 선택했다

시험에서 수차례 고배를 마셨다
인연이 쌓여 좋은 책이 보인다

완벽한 패배이다
하나의 과정이다

회한 가득한 만시지탄
늦지 않은 만시지탄

· 눈물

기대한 만큼 아프다
의지한 만큼 아프다

큰 너
네가 우는데
당당하게 눈물을 흘리는데

작은 나
나는 울 수조차 없어
자신이 없어 모두 숨기는데

정말 잘 참았는데
네가 날 잡았잖아
흘리고 말았어

거의 다 왔는데
네가 날 안잖아
어떻게 안 울까?

고마워 울었어
덕분에 웃었어

· 후흑(厚黑)

뻔뻔하다
검은 속을 숨기다

훅 들어왔다
시나브로 들어왔다

아무리 깊은 인연도
많이 마주하여도
담기지 않는다

후흑(厚黑)
이제야 보이는 얼굴

속임수의 최고 경지
악마가 신이 되는 순간

신(神)의 두 얼굴
불후불흑(不厚不黑)

· 고난

신이 내린 스무고개
쉬이 가면 시시한 고개

고난의 크기가 생각을 키우네
고난의 무게가 마음을 비우네

고난이여 오라
재미있는 이야기를 만들자
인생을 장식하자

어서 오라
겨우 이 정도냐

더 크게 오라
이번 생(生)에서 끝을 보자

• 유일한 힌트

귀(貴)할 때
누구도 보이지 않았다

천(賤)할 때
모두가 보였다

직업에 귀천은 없었다
직업을 대하는 자세에 귀천이 있었다

귀한 것이 귀하지 않았다
천한 것이 천하지 않았다

단순한 흑백 논리
생(生)의 길을 바꾸었다

귀천(貴賤)은 없었다
생각만 있었다

갈림길에 놓인 화두
유일한 힌트

• 대가 없는 선물

보이는 선물
안 보이는 선물

사람이 하얀 눈을 준다
있고 남았다
주었다는 생각

생각이 감옥에 갇히다

하늘이 하얀 눈을 준다
없고 없다
말이 없다

말없이 자유를 노닌다

· 하심(下心)

몸을 한껏 낮춘 너
무엇이 너를 눌렀나?

부끄러이 담담한 너
무엇이 너를 담금질했는가?

먹먹해
공감을 배우며
무능을 한탄하며

오를 일만 남은
찬란한 너의 걸음을 응원하며

신의 인사
하심(下心)

· 긴 인연

긴 인연을 가진 이를 보았다
인연이 짧은 목표
패배자라는 명찰이 붙었다

소나기는 태풍으로 왔다
다시 보니 없다

걱정하지 않고 비우니 좋았다
버리니 채워지고 있었다
여유가 인사했다
자유가 안겼다

복(福)이었다
긴 인연이 찾아왔다

· 꽃

꽃을 꺾어 놓고
장난이라 한다

너에게 꺾이려
핀 것이 아니다

이름 없는 꽃
주인 없는 꽃

하늘이 살폈다
땅이 품었다

- 가짜인가?

이것은 무엇이고
저것은 무엇인가?

돈은 무엇이고
인생은 무엇인가?

모든 것이 가짜인가?
진짜는 없는가?

아찔한 생각
공허한 마음

인생이 무엇이든
아닌 것은 아니야

· 동병상련(同病相憐)

병(病)
올 줄 모른다

병은 많다
늘 옆에 있다

우연으로 온다
운명으로 간다

곧 아플 사람
곧 죽을 사람

같이 아프기 치료하기
같이 울기 치유하기

서로 위로하는 물
긴 폭포를 그리네

· 개똥밭

되돌릴 수 없는 선택
만년의 대가

힘들고 우울한 시기
도망가는 선택
없어지지 않는 눈덩이

생사(生死)를 가르는 선택
잘못된 선택은 끝

내일이 아닌 오늘 풀기
오늘을 살고 내일을 맞기

큰비가 그치기를 바라며
작은 우산을 남깁니다

· 사기(士氣)

호랑이가 토끼를 사냥할 때
방심하지 못하는 이유
잊지 못할 경험

며칠을 굶었다
새끼를 잃었다

꺾인 적은 낮다
높은 적은 높다

사기(士氣)에 생사(生死)가 나부끼네

· 자신감(自信感)

모든 일의 끝
내가 서 있었다

사람의 마음을 얻는 것
무엇인지 묻고 찾았다

기술의 끝에 위치한 사람
그와 나의 기술은 같았다

차이가 없는데
차이는 태어났다

시간이 흘러
나를 만나 알았다
자신감이었다
불안이 불안을 불렀다

자신감 하나
차이가 태어났다

· 그릇

빨리빨리

우리의 모습 중 하나
너무 쫓기지 말기

느리면 느린 대로 의미가 없겠는가?
깊이가 없겠는가?

다른 이와 경쟁
빨리 쏟으면 빨리 없어진다

지쳐서 진다는 것
처참하고 참담하기 쉽다

그릇은 다양하다
그릇에는 이유가 있다

이유 없는 무엇이 없듯
그릇은 있다

그대의 그릇은 안녕하신지요?

· 빛을 찾아

머리로 왔다
가슴에 울려
아직도 희미해

갈 길은 먼데
생(生)은 어디까지인가?
얼마나 더 걸을 수 있을까?
다음 생인가?

어찌하는가?
갈 때까지 간다
어느 생(生)엔가 선명하리라
그리 헛된 꿈이라도 꾸며 살리라
지금이 어둠이어도 빛이기를

· 뻐꾸기 엄마

나는 당신의 아이가 아닙니다
너는 나의 아이다

나는 당신의 아이가 아니에요
이미 알고 있었다

그대의 아이들을 내가 죽였어요
너의 잘못이 아니다
죄송해요
아가 너와 나의 운명이란다

저를 왜 키워주셨어요?
아가 너는 나의 소중한 아이잖니?

엄마 고마워요
하늘이 준 엄마의 소명이란다
엄마 사랑해요
잘 살아야 한다

종달새가 뻐꾸기에게 남긴
신(神)의 입맞춤

· 식물의 마음

마음
인간만 있겠는가?

동물은 희미할 뿐
있지 싶다

식물은 어떤가?
식물도 마음이 있지 싶다

천년을 산 나무의 깊이
한자리를 지킨 무수한 시공의 각성
있지 싶다

물체는 어떠한가?
영이 깃든 물체
물음표를 그대에게 건네며

· 천우신조(天佑神助)

물이 잘 들어오지 않는 곳
배는 영원히 서 있을 듯

백년의 태풍이 온다
기다렸다는 듯
배를 몰아 대해로 향한다

큰물
생에서 자주 오지 않는다
큰 행운이 때론 엄청난 재앙

노력하고 기다린 사람
때를 알아본다
바로 움직인다

그렇게 천우신조를 갖는다

노화(老化)

나이가 먹어가며 노화를 느낀다
씁쓸한데 감사하다

이 세상에서
이 육신으로
해야 할 소명이 줄어드는 느낌

이제 하나씩 고장 날 것이다
죄가 줄어들 것이다
욕심이 잦아들 것이다

이제까지 지은 수많은 죄
죄를 늘리기 싫구나
도박꾼이 손을 망가트리는 심정

때가 되어 망가지는 하나하나
신이 내린 휴식
생의 마침표를 부르는 쉼표

• 속은 시간

여우를 피하려다 호랑이를 만났다
몇 번을 당하니 이동이 두렵다

남의 떡이 커 보여 바꿨는데
크기도 맛도 별거 없다

몇 번을 당하니
행동이 조심스럽다

사람은 겪어봐야 안다
선악이 바뀌고 음양이 바뀐다

태양을 동경했다
가까이 가 보니 불이었다

달을 좋아했다
가까이 가 보니 어둠이었다

별을 사랑했다
가까이 가 보니 지옥이었다

생각에 속은 세월이 얼마인가?

· 상대(相對)

작은 것은 작지 않았다
큰 것은 크지 않았다

천천히 가는 것
적은 돈을 버는 것
생각보다 값지더라

아이와 노는 것
생각보다 빛이었다
생각보다 별이었다

작은 것이 컸다
큰 것이 작았다

생각이었다

· 강(强)하다는 것

강한 사람은 말이 없다
변명은 약한 사람의 옷

뒤에서 하는 욕
약한 사람이 쓸어 담는다
강한 사람은 담지 않는다

차별이 아닌 차이
강한 것은 관대함이 함께한다
노력해야 하는 이유
노력하는 이유

강하다는 것
근육이 많을 필요는 없다
머리가 뛰어날 필요는 없다

단
생각은 생각 같아야 한다
마음은 마음이어야 한다

· 별에서

별에서 별로 왔어
아가 고마워

아기 돌보기 어렵다
아빠가 빠른 성장을 기원한다

아기가 하루가 다르게 큰다
엄마는 아기가 크는 것이 아깝다

아이를 지키는 것이 힘들다
아빠는 아이가 스스로 서기 바란다

아이가 시나브로 얼굴을 바꾼다
엄마는 놓칠세라 아이의 하나하나 가슴에 담는다

별은 그냥 별
아가 너의 모두를 사랑해

· 고대 철학

미개하다던
천 년 전 아니 만 년 전(前)
논해졌던 고대 철학
지금의 과학이 겨우 접근했다

철학의 힘
예지력의 힘

이론과학이 시험과학 한발 앞에 선다
같은 이치

고대 선각자의 철학
피타고라스의 수(數)
코펜하겐 학파의 양자역학
다르지 않았다

학문 이전의 학문
고대 철학

- 인생의 기적(奇蹟)

홀로 걷다
쓸쓸한 하늘이 스친다
같은 하늘을 맞는 나무는 무엇인가?

죽음은 재촉한다
해와 달은 벌써 안녕을 말한다

죄(罪)의 이름인 듯
폭풍우가 몰아치고 화산은 터졌다

바람에 흔들렸다
바람을 흔들었다

진퇴(進退)는 가벼운 물음
생사(生死)는 무거운 물음

어떻게 살아야 하는가?
살아야 하는가?

답(答)이 무엇이든
인생(人生) 자체가 기적(奇蹟)

· 배우(俳優)

내공을 숨긴 배우
관객이 배려의 박수를 건넨다
가벼운 박수와 짧은 호응

막이 오른다
자연스레 환한 기가 일어난다

관객이 고개를 갸웃한다
이내 모든 시선을 빨아들이는 배우
무대에 관객을 적신다

뭐지?
그대는 누구신지요?

무대가 절정을 향한다
배우가 모든 기를 터트린다

세상이 말을 잊었다
여기저기의 입이 다물어지지 않았다
여기저기서 눈만 깜빡였다

느낌표와 물음표를 지닌 배우
마침표를 찍는 배우

· 시간의 속삭임

사람은 누구나 가진다

탈을 가진 사람
가면을 가진 사람

사람의 무엇도 쉬운 판단은 경계해야 하더라
사람은 오래 보아야 민낯을 들키더라

짧은 시간의 판단
정보가 너무 적다

사람의 빛
탈일 수 있다
때가 되면 가면은 벗겨진다
민낯은 다양한 색

동지이든 적이든
벗이든 아니든
평가는 보류해야 한다
시간이 속삭이리라

• 바라지 않는 사랑

사랑은 주는 것도 기쁜데
충분히 행복했는데

행복의 역습인 듯
돌아오는 것이 크다

바라지 않는 사랑
크게 돌아오다

바람에 풀이 몸을 싣는다
바람으로 풀이 춤춘다
풀이 땅속 깊이 뿌리를 놓는다

사랑이 바람을 탔다
바람 없는 바람에 크고 깊었다

- 작은 물질(物質)

돈이 많은 사람을 보았다
별로 부럽지 않았다

한참을 찾았다
왜지?

아이의 박장대소는 얼마인가?
어머니의 미소는 얼마인가?

큰돈을 쓸 곳이 없다
살 만큼 살았다

인생(人生)이 크다
큰 물질(物質)은 단지 장식이었다

· 파락호

빛을 빛내고 숨었다
어둠은 더욱 어두웠다

빛나는 어둠이 있었다
빛보다 밝은 어둠이 있었다

너희들은 욕하거라
내 돈 내가 쓰겠다는데
오늘은 어디 가서 도박을 하누?
잃어도 잃어도 이만한 재미가 없다
손가락질 하도 받아 천수를 누리리
자 오늘은 어디서 밤을 태울까나?

부귀영화는 춘몽(春夢)이라더니
그 많던 재산은 어디에 갔나?
봄바람을 타고 잘 도착했나?

딸 장롱 살 돈도 도박으로 탕진했으니
우리 귀한 아가 얼마나 속이 시끄러웠니?

무거운 오해를 짊어진 나무
바람이 가벼이 쉬고 가네

구한말 최고의 독립운동가
김용환

· 경영학 개론

인간은 단위 재화
관리하는 기계
1차원적 가설

인간은 사회적 존재
심리적 기계
유레카를 외쳤건만 2차원적 가설

인간은 복합적 존재
사회적 기계
섞었는데 복잡한 3차원적 가설

사람은 생각
인간에 대한 말이 모두 정답이라니?
생각은 모두 답이었고 아니었다
4차원적 가설

사람은 마음
변하지 않는 티 없는 자리
가장 가까이에 있었다
차원을 넘어선 진리

· 시간아 안녕

좋은 꿈을 꾸듯
가난이 살렸다
궁핍이 잘살라 했다
늘어지고 흐르는 잘못을 잡았다

늙어가는 생각
생각의 지시를 받은 듯
키 작아지는 나
묘한 메아리가 스친다

아이의 시간이 온다는 생각
시간아 안녕

쥐려 해도 쥐어지지 않는다
슬슬 자리를 비우리라

- 과공비례(過恭非禮)

큰 것을 주고 작은 것만 바랐다
기다려도 답이 없다
답례는커녕 화살이 날아온다

과한 예를 갖추고 무시당했다
예가 아니어서 무시를 당했는가?

지금 끓는 화는 누구의 잘못인가?
이러지도 저러지도 못하네

한참을 고민한 예의 의미
가운데 길을 걸으리

큰 풍선을 주려다 번뇌만 남겼구나
주었다는 생각이 불이었어

생각이 불타고 재(災)만 어지러이 나는구나

• 가스라이팅(Gaslighting)

새끼 새를 가둔다
새는 새장 밖을 모른다

새는 하늘을 날고 싶었다
탈출하려 했었다
그때마다 채찍이 날아왔다
새가 새장 밖을 지운다
어느 날 새장 문이 열렸다

나가라는 한마디
두려워서 나가지 못했다
너의 선택이라는 무거운 말
새장의 문은 다시 굳게 잠겼다

새는 새장을 받아들였다
죽은 새의 영혼도 새장을 맴도네

안과 밖의 지옥
가스라이팅(Gaslighting)

· 물음표

물음표만 남긴 그
마침표와 쉼표는커녕
느낌표도 어렵다

아까운 그가 지나가네
그는 벌써 갔건만
남기네

혼자인 것을 두려워하지 않았다
세상의 오해를 온몸으로 받았다
자연을 즐기고 사람을 사랑했다
하늘을 올려다본다
땅을 내려다본다
사람을 수평으로 본다
있는 그대로 받아들인다
가진 것이 없는 듯 모두 가졌다

아까운 사람이 남긴 물음표
물음표만 스산하게 남았다

• 하나의 가치

이해 안 되는 이상 현상
신의 실수인가?
신의 힌트인가?

이상한 것은 정상인가?
이상하지 않은 것인가?
무엇이 정상인가?

모순은 진리
모순은 모순
정녕 둘 다 맞단 말인가?

있다 없다
흑백의 중도
하나와 영의 싸움인가?

영으로 수렴되지 않는 온전한 하나
작은 하나
이 하나에 무너진 수많은 이론

학자 심지어 종교
때론 하나가 모두를 정한다

· 전사(戰士)

하늘 아래 땅
땅이 깨어나다
하늘이 바뀌었다

주먹으로 시작하리
다리로 노리리
머리로 찾으리
폐로 엿보리
심장으로 태우리

경험으로 헤어나리
직관으로 깨어나리
인내로 버티리
생각으로 다스리리
마음으로 맞이하리

우주가 바뀌다
모두 다시 본다
승패의 길이 바뀌었다

이미 이겼다

· 딸의 결혼식

아무나 꺾고 밟는 길 위의 꽃이 아니기를
온실도 아니기를
차라리 절벽에 핀 꽃이기를
숨은 향기이기를

뒤도 안 돌아보기를
그렇게 바람으로 가기를
귀한 것을 손에 들려 보내리

좋은 이와 오래도록 함께이기를
너의 선택이 옳았기를

뒤는 지키리라
혹시나 돌아올 방은 비워 두리라

항상 너의 편에 설 수 있기를 바라겠지
한 번씩 네가 간 길에서 서성이겠지

아가 꼭 행복해야 한다
딸의 결혼을 가슴으로 마주하는 부모
그 웃음 섞인 눈물을 기록하며

• 외로움의 의미

산사에서
혼자가 아니라며
바람이 어깨를 도닥인다
초목이 매일 옷을 갈아입는다
사람이 없어도 적적한 줄 몰랐다

사람 속에서
여기저기 사방이 사람인데
왜 더 외로운가?
왜 더 혼자인가?

여기 바람은 인사가 없네
여기 초목(草木)은 옷이 없는가?

• 생각을 놓고 오다

생각으로
밖에서 가지고 오다

안 좋은 것
집에서 간신히 버렸다

누구도 쥐어 주지 않았건만
나는 왜 가지고 왔는가?

내 것이 아닌데
대체 누구의 것인가?

생각에 빠지다
젖은 것이 없건만 한참을 말렸다
대체 무엇을 말린 것인가?

버린 줄 알았건만
다시 왔다
발이 달리지 않았는데
어떻게 왔는가?

매번 다시 오는 아픈 녀석
버릴 수는 있을까?

· 꽃 핀

늘어지고 남루한 티셔츠
알록달록 촌스러운 몸뻬 바지
남의 시선에는 관심이 없다
난 할머니니까

정성스레 립스틱을 바른다
거울을 보고 다시 본다
치마를 고이 입는다
꽃 핀은 핑크빛 용의 마침표

오늘은 여자이다
그이를 보는 날
그에게는 여자이고 싶다
그의 여자라서

할아버지 병문안 가는 할머니의 수줍은 꽃 핀

· 긍정의 힘

고수(高手)
어떤 분야에서 높은 경지까지 오른 사람
긍정의 힘이 느껴졌다

긍정이란 힘
희망을 쥐고 놓지 않는 생명력

긍정적 착각
생각보다 손해가 적었다

여러 번의 패배
최후의 승리로 바꾸는 기적

긍정이라는 생각
육신이 생각의 명을 받들다

긍정의 생각은 확률이 있었다
직관(直觀)은 확률 낮은 긍정을 하나로 만들었다

· 친구

내가
어떤 무대에 서든
어떤 의상을 입든
어떤 역할을 하든
한결같은 사람
그 사람이 진짜

내 사람
돌아보다
보고 또 본다

위기가 그대를 찾는다
찾기 전에 찾자

시간은 제한적 가치
시간이 친구와 같이 웃는다

짧은 느낌표
그대의 쉼표를 찾기 바라며

- 다양성

직선
선에서 떨어지면 이상하게 취급한다
직선은 무섭다

무서워서 떨어진 점
다양성을 찍었다

불광불급
처음부터 토끼는 거북이를 이길 수 없었다

저쪽에선 달리라 한다
이쪽에선 쉬라 한다

저기는 불이다
여기는 물이다

저기를 버렸다
여기에 불이 난다

하얗게 불태우리라
까맣게 채워 놓으리

나쁜 것이 나쁘지 않았다
좋은 것이 좋지 않았다
모두였다

· 흑백사진

세상이란 사진
색이 많아 명도가 숨는다
화려함에 흐려진 검은색

일생에서 큰 위기
위기 아닌 좋은 위기
갇힌 생각을 걷어내고 빛을 본다

멀리서 보면 검은색
가까이서 보면 만 가지 색
모든 색을 어찌 버리리
몇 개는 버리리라

세상이 속살을 보인다
남의 민낯을 마주한다
그때를 고이 찍어놓기
아(我)와 비아(非我)가 선명한 순간
흑백사진

· 돌아보니

숫자를 받아들인다
돌아보니 수가 옳았다

감사한 마음
돌아보니 나를 살렸다

사람이 사람을 사람으로 대한다는 것
돌아보니 수없이 꼬인 매듭이 풀렸다

선을 넘지 않는다는 것
돌아보니 사람으로 살았다

말이 바뀌고 행동이 달라졌다
돌아보니 상(相)이 바뀌고 생(生)이 달라졌다

나를 바라본다

· 진짜 생(生)

꿈에
그대가 없다
얼마나 기뻤는지
깨고 나서

그대가 없는 세상
먹먹함만 흐르더라

사무치는 그리움
태어나 첫 느낌

형언하지 못할 회한(悔恨)
꿈에서 맞았다

이제 마지막 물음표를 지운다
누구에게나 불평등한 인생(人生)
잠은 평등했다

꿈은 진짜였다
진짜 생(生)이었다

- 배고픈 그대에게

아내가 먹지 못해 젖마저 말랐다
아기가 울다 지쳐 잠을 청한다

링(Ring) 위를 오르는 파이터(Fighter)
배고픔에 땀을 토하고 피를 삼킨다

배고프다는 것
생사의 문제
두려울 것도 잃을 것도 없다
그렇게 진화(進化)

배부른 돼지는 더 이상 나아가지 않는다
그렇게 퇴행(退行)

너무 배고파도 죄
너무 배불러도 죄

그릇이 간장 종지보다 작다
그릇이 우주를 담을 만큼 크다
두 그릇이 같았다

배고픈 그대여
링(Ring)이 그대를 맞으려 꽃단장을 한다

· 둘 다 무는 뱀

덫은 그럴듯하다
생각을 흔들고 노는 듯
걸리지 않으면 덫도 아니다

망해나가는 터
의외로 보기 쉽다
오래 보면 보인다

주인이 뱀을 풀었나?
뱀은 왜 주인도 무는가?

나가고 다시 들어오고
비슷한 실수가 반복 반복

뱀은 누가 풀었나?
둘 다 무는 뱀

· 바위

저기 저 바위
옮기지 못할 은은함

숨지 못한 묘한 분위기
네가 이런데 어찌 바라보지 않으리

바람이 남긴 향기
바위에 새긴 인연

악연도 깊은 인연
너에게 무엇도 아닌 나
악으로라도 남을까?

아
이건 아니다
그냥 내가 그리리
몰래 담으리
그것도 인연이리니

바위에 옷깃이 스치듯
너에게 스치리라

· 엄마 생각

엄마가 생각날 때
거울 속 나에게서 찾는다
엄마가 나타난다

얼마나 힘드셨나요?
이 세상
세파에 무너진 가슴

굽히고 참고
참혹한 세상
더 이상 엎드리면 안 되는데
더 밟힐 텐데
저 어쩌죠?

엄마가 그랬듯
다 가겠죠?

힘들 때만 찾네요
미안해요

이래도 죽고 저래도 죽고
천 길 낭떠러지에서 나를 마주하다

또다시
엄마에게 안기다

· 결과

늑대같이 싸우고 싸우리라
양처럼 피하고 피하리라

가운데 가운데

본능으로 알았다
머리를 굴리지 말아야 하는 일
생각에서 헤엄치다 나왔다

답은 없다
꼬리에 꼬리를 무는 물방울

심장을 믿어보리
심장으로 하리라

끝나고 기록으로 남기리

결과가 나왔다
눈도 얼음도 없었다

하늘과 땅이 지켜보고 있었다
봄 햇살에 눈이 날았다
땅 기운에 얼음이 흘렀다

· 전혀 다른 시공(時空)

몇몇 새가 문(門)을 맴돈다
호시탐탐 기회를 엿본다

들어갈 듯 말 듯
소와 닭이 싸움을 멈췄다

과학이라서 멀었던 진실
색안경을 벗었다

아이러니와 역설
물음표로 물음에 답하다

지금 여기가 이리 기록되리
창과 방패의 전쟁

전혀 다른
시공(時空)이 시작되다

· 어두운 강(江)

언제나 전쟁이었다
전쟁은 늘 있었다
눈빛이 승패를 갈랐다

언제나 아팠다
아픔은 함께였다
생각이 길을 갈랐다

언제나 고통이었다
눈물은 있었다
마음이 생(生)을 갈랐다

많은 고통이 왔다 갔다
지나니 훈장이었다

길이 아닌데 어찌 같이 가자 하리오
같이 가자 해도 참고 말려야지

어두운 강(江)을 등진 그대에게

· 지푸라기

잎이 하나둘 떨어지네
잎이 그래도 남았네
일희일비(一喜一悲)

죽음으로 죽음을 지우다

자존심을 개에게 던진다
나를 위해 나를 버린다
납작 엎드려 구한다

대의(大義)가 먼저이다
의리(義理)가 기다린다
생사(生死)가 큰일이다

도둑이 되지 않으리
반드시 갚는다

지금을 새기리라

• 사노라면

보물 지도
사람의 생각이 모이는 곳

적은 적이 아니었다
벗은 벗이 아니었다

우울이 치고 나갔다
강박이 속도를 내었다
불안이 마침표를 놓았다

거울 같은 오해
운명이 바뀌는 찰나
수호신이 스치는 기적

잠시 스친 인연
내 것인데 아니었다

내성이 생길까 두렵다
누구의 죽음 앞에

소유하지 않은 것도 소유
무서운 소유

• 선(線)에 대하여

누구의 누구
누구의 무엇

선(線)이 있다
무엇이든 누구이든

부모라는 선(線)을 하늘이 긋는다
진하고 높다

자식을 판 부모
자식을 죽인 부모
천륜(天倫)이 끊어진다
선(線)이 없다

다시 그을 수 있는 선(線)도 있다
끊어진 선(線)은 가까울수록 어렵다

· 웃자

실패를 맞이하는 자세
패배를 받아들이는 생각

그래도 그대는 시도하였다
그대는 노력한 만큼 아플 것이다

성공이 성공이 아닐 수 있다
그대의 패배가 성공일 수 있다

복(福)은 화(禍)와 함께였다
화가 이미 지나갔다

숨은 적(敵)의 웃음을 줍자
따스한 위로를 새기자

작은 것이 가고 큰 것이 왔다
우리 웃자

· 비명(悲鳴)

삶은 나날이 짙어갔다
하늘은 더 높이 물러갔다
땅은 마냥 낮았다

하나씩 없어지는 나
벼룩의 간을 빼앗은 너희

하나의 문을 힘겹게 닫았다
이미 다른 문(門)이 열려 있었다

흐르는 물
구구절절 약자의 편에 있다 한다
말장난
철저하게 강자의 편이었다

큰 산 앞에
물은 물이었다

• 아픈 수험생에게

하늘이 어두워지며 울었다
요란한 태풍이 마구 날았다
한숨 뒤에 고요가 앉았다

노력을 많이 한 시험
옥(玉)같은 시간과 바꾼 수험 생활

떨어지고 좌절하고
시나브로 미소가 살아난다

수용은 넓게
포기도 용기

세상사 무엇이 아니면 어떠하냐
느리면 많이 보리라
내 것이 아니면 놓아주리라
잃자마자 얻었다
승패의 굴레 위에 나는 자유

늦은 각성에 인사하며
한참을 울던 그대를 위로하며

· 긴 장마

긴 장마가 찾아오네
나를 꼭 잡기

짧은 태풍이 찾아오네
나를 잠시 놓기

가치를 고르다 가치를 고른다

아주 안 좋은 일
때론 점(占)을 치는 것도 좋은 일

좋다 나쁘다
풀잎 점을 치다가 후회를 버리려 점(占)을 멈춘다

망설이는 나를 멈춰 세운다
좋든 나쁘든 좋아

안을 단속한다
밖에서 맞는다

· 아버지

가벼운 지갑
생(生)을 짓누른 무거운 무게

싸디싼 겉옷
항상 싼 옷을 선택하셨다
속이 비싼 선택

세월을 신은 구두
길고 긴 성실

티 없는 소주
걸쭉한 막걸리

아버지가 태우신 담배
인생을 태우신 번뇌

나쁜 것을 들고 가셨다
좋은 것을 들고 오셨다

항상 자리를 지키는 산
항상 생명이 넘치는 바다

아버지의 지족(知足)
할머니 할아버지의 안녕에
엄마의 미소에
우리의 웃음에
그렇게 웃으셨다

지금은 어디에서 웃으시나요?
어디서든 언제나 웃는 선택을 하잖아요

아버지가 없는 지금 여기
나 울어요

아버지가 없는 지금 여기
나 웃어요

육신을 전부 불사른 아버지
정신을 모두 산화시킨
우리의 벗

아파야 없어야 더 강하게 울리는
가슴 벅찬 이름
아버지

· 따르다 만 술잔

그 시절 그런 순수함
그 시절 우리 설렘이 너무 아까워
맞추지 못한 퍼즐

추억이 작아서 아쉬워
너는 항상 잘 있어
내 추억 속에

우린 잘 해냈어
술을 따르다 말았지
설렘에 여운이 있는 듯
시(時)와 운(運)은 얼추 맞았는데
너무 어렸어

푸른 선남선녀
손 한 번 못 잡은 풋사랑

따르다 만 술잔
맞추지 않은 퍼즐

해맑은 눈빛으로 알았다
옥 같은 소리는 심장을 울렸어

나 취했나?
지금도 설레

이번 생(生)에선 만나지지 않기를

이루어지지 않아야
완성되는 사랑

고마워
따르다 만 술잔까지
풋사랑의 안녕을 기원하며

· 정의(Justice)

흐르는 물
정의가 아니었다

인생은 상생(相生)이었다
생(生)은 생존이었다
정의는 너무 멀었다

칼이 흐르는 물
정의가 아니었다

우주는 모두 있고 없었다
정의는 생각이었다
정의는 마음이었다

· 검성(劍聖)

정상의 물
망설임이 없는 물
내려오는 것을 두려워하지 않는다

거세게 몰아치는 물
벼랑 끝을 거침없이 지난다
망설임 없이 폭포를 이룬다

수없는 전장에서 살았다
망설임은 죽음이었다

가장 낮았다
가장 높았다

그가 칼을 뽑으면 역사(歷史)가 되었다
사사로운 것이 아닌 대의를 따랐다
그는 멈출 줄 아니까

멈추지 않은 비굴한 사람

굴비만 남겼다

일시지공(一時之功) 만시지죄(萬時之罪)

붓은 검성도 막을 길이 없었다

멈출 줄 알았기에 끝이 나쁠 수 없었다

척준경

고개 숙인 그대에게

후회가 벅찬 과정
피 말리게 황홀한 순간
풍요롭게 참담한 수확

포기할 자격을 얻었다
포기의 무게는 같지 않았다

이미 이겼다
이제 마쳤다

옅은 자유는 자유가 아니다
진한 구속

무거운 포기
그대는 짙은 자유이다

· 월급 노예

그래
나는 노예이다
자본주의의 노예
월급 노예
하지만 조금은 행복한 노예

내가 선택했어
어둠을 내가 걸었어
돌아오는 길이 빛났어

가족의 생사인데 어떡해
나만이라면 모를까
나는 겁쟁이

그래
그렇게라도 나를 위로하며

• 너를 보다

사람 어려워
결정을 미룬다

쉬이 들키지 않는다
하나씩 줍는다

선(善)이 시나브로 지난다
악(惡)이 찰나에 스친다

시시각각 위치를 바꾼다
혼돈의 태풍

나는 너
나를 보고 너를 본다

별을 태양으로 보다
태양을 달로 헤아리다

· 장난꾸러기

두려움
죽을 것 같았다
죽지 않았다

놀라는 나를 보며 웃는 녀석
집요한 장난꾸러기
재미 들린 듯 반복하는 녀석

어느 날
장난에 무덤덤했더니
시시했는지 녀석이 없다

다른 날
끓는 용기가 녀석을 지웠다
도망가듯 갔다

적인 줄 알았는데
벗인가? 스승인가?
무엇인가?

또 오면 재미없기를
두려움 귀여운 녀석

· 흠

이래저래
흠 많은 인생
웬만한 스크래치는 신경도 안 쓰인다
참 편안한 추리닝을 입은 느낌
다행이다
미련이 없어

흠 없는 인생
작은 흠 하나
얼마나 아플까?
조바심과 경계

아 숨 막혀
하얀 정장을 입은 인생이겠어
흠 없는 생이 있겠는가?
있어도 재미없지 싶다

차를 탈 때는
흠 하나하나가 아프더니

차를 폐차하려니
흠 안 난 곳 하나하나가 아프더라

인생(人生)도 그러하리
모두 태우리라

· 생(生)의 기회비용

공간을 가진다
시간이 버려진다

답이 있다
과정으로 답은 바뀌지 않는다
의심만 맴돈다

과정을 학문에 둔다
후학(後學)의 길을 놓다

공간을 버린다
시간을 취한다

생의 속도가 달라진다
시공(時空)의 기회비용

• 창(窓)

창밖의 비
창 안의 비
어느 것에 더 취하나?

창밖의 바람
창 안의 바람
어느 것이 더 아프나?

창밖의 어둠
창 안의 어둠
어느 것이 더 짙은가?

창밖이 무엇이든
창 안도 같기를

창밖이 무엇이든
창 안은 같기를

• 이제부터

어?
눈물!

흘렸어
마른 줄 알았는데

마른 울음만 남은 줄 알았는데
물을 담은 울음

네가 나를 울렸어
시원하게 울었어

촉촉한 슬픔
고마운 아픔

나는 겨울
따스한 울음이 녹였어

이제부터
너는 나야

마치는 글(EPILOGUE)

하나의 인생(人生)
미친 듯이 불태우고 지는 사람
이름 없는 사람으로
만(萬) 가지 생(生)을 간직한 사람

천관산 자락에 귀인(貴人)이 왔다 갔다
평생을 살며 만날 수 있지만 알아보기 어려운 귀한 사람
인연이 있거나 알아본다면 하늘을 날거나 큰 위험을 넘는다

지난여름 돌아가신 장모님
어머님의 사위여서 다행이었습니다
사위도 천륜이었습니다

새벽에 아이를 낳고 오후에 밭일을 하였다
인생이라는 큰 배움
누구보다 낮지 않았다
누구보다 귀(貴)하고 귀(貴)하였다

친부대(親不待)
들리고 보이는데 없으시다
죽음이 두렵지 않은 이유 하나를 더하다

누구 못지않게 치열했던
평범한데 비범한
이름 없는 이름
누구에겐 빛보다 눈부신 이름을 새긴다

故 강종업(姜終業) 丈母님

이제 막 추수를 하려는데
겨울이 들린다
길고 긴 겨울
매서운 한파가 오는 소리
겨울 소리

기획에서 교정과 편집까지 많은 땀이 흘렀다
인쇄에서 배송까지 얼마나 많은 땀이 흐르려나
책 한 권을 그대가 읽기까지…

땀과 땀이 바다에 이르러
티 없이 하얀 소금으로

그대가 읽어서 소금이 빛났다